▲ 在罗杰斯位于新加坡的家中,笔者与其合影。

◀ 罗杰斯手指地球仪上中国的位置。

▲ 罗杰斯1988年骑摩托车横穿中国旅行时使用的驾照。旁边是他收藏的《中国共产党章程》。

▲罗杰斯身后的展示柜上,摆满了他在环球旅行中"淘"来的纪念品。当然,他对中国情有独钟。

▼罗杰斯的两个女儿参加新加坡一个宣传学习华文的活动,并表演中文节目。

▲ 罗杰斯一家四口

▼ 罗杰斯将刚上完舞蹈课的小女儿接回家。

▼ 笔者和罗杰斯一起送孩子上学。

▲ 罗杰斯一边锻炼一边接受笔者采访，两不耽误。

▶ 罗杰斯将其20世纪八九十年代在中国旅行时使用的车牌珍藏在相框里，挂在客厅墙上。

所有图片均由张妮提供

与吉姆·罗杰斯对谈七日
—— 如何投资中国

张妮 / 著

TALK TO JIM ROGERS FOR SEVEN DAYS
How to invest in China

人民日报出版社

图书在版编目（CIP）数据

与吉姆·罗杰斯对谈七日：如何投资中国 / 张妮著.
—北京：人民日报出版社，2017.9
ISBN 978-7-5115-4918-1

Ⅰ.①与… Ⅱ.①张… Ⅲ.①投资－研究－中国
Ⅳ.① F832.48

中国版本图书馆 CIP 数据核字（2017）第 212506 号

书　　名：与吉姆·罗杰斯对谈七日——如何投资中国
著　　者：张　妮
出 版 人：董　伟
责任编辑：赖凌丽
封面设计：主语设计
出版发行：人民日报出版社
社　　址：北京金台西路 2 号
邮政编码：100733
发行热线：(010) 65369527　65369846　65359509　65369510
邮购热线：(010) 65369530　65363527
编辑热线：(010) 65363532
网　　址：www.peopledailypress.com
经　　销：新华书店
印　　刷：北京中科印刷有限公司
开　　本：880mm×1230mm　1/32
字　　数：157 千字
印　　张：9
插　　页：4
版　　次：2017 年 9 月第 1 版　　2017 年 9 月第 1 次印刷
书　　号：ISBN 978-7-5115-4918-1
定　　价：39.00 元

重磅推荐

张妮是《环球时报》最出色的记者之一,她有国际时政报道的视野,这使得她对世界经济及重要经济人物的讲述都别有一番深度及厚度。读了她的书,分享她的发现,我们不仅会看到罗杰斯投资中国的轨迹,也会进一步认识这个轨迹所穿越的时代。

——《环球时报》社总编辑 胡锡进

我一辈子做教育。在我看来,教育的本质永远都是授之以渔,而不是授之以鱼。罗杰斯之所以创造了投资界的神话,并不仅仅因为他钓到大鱼、选对了股,而是掌握了选股的方法、投资的本质。而一旦掌握了投资规律,它将普遍适用于任何事物。这就是罗杰斯选择移民亚洲、投资中国,并让女儿从小开始学中文的原因。因为,教育是人生最好的投资。这本书采用对谈的方式叙述，生动不枯燥，文笔简明清秀，对罗杰斯的投资理念、人生哲学以及对中国的认知有比较清晰的阐释。从投资的表面深入投资的真谛，是本书最大的启示。

——新东方教育科技集团董事长　俞敏洪

我曾经在美国学习、工作多年，后来在新东方从事了很多年教育工作，帮助有志青年远渡重洋，留学深造。中国人很善于向其他文明学习，但并不是所有美国人都如此。应该说，罗杰斯是美国人中比较特殊的。在华尔街，他就将投资拓展到其他国家，之后，他两次环游世界，并在此期间见证了中国的崛起。正是因为拥有这种开放的视野，他才找到了中国这只"超级潜力股"。无论对于创业者、莘莘学子还是职场中人来说，博大的视野和胸襟都是你通往成功或提升自我的钥匙。这是我看完这本书后，最大的感受。

——真格基金创始人　徐小平

手捧新闻人张妮对罗杰斯进行深度采访后撰写的《与吉姆·罗杰斯对谈七日》一书，心生敬意。她以新闻人的独特眼光，标识出了罗杰斯的下一步投资秘诀：看好中国！这给当下正面对转型挑战的企业家们一个启示：相信未来、相信中国、相信自己。

感谢张妮！感谢罗杰斯！

——中坤投资集团董事长　黄怒波

读完这本书，就好像加入了"一个更广阔的空间"，有种"豁然开朗"的感觉。本书介绍的世界投资大师罗杰斯的投资哲学和成功之道，不仅是投资者要学的真经，也是各行业追求成功者应学的宝典。读这本书，用时间不多，学东西不少。

——汇源集团董事长　朱新礼

认识张妮两年了，也正是这个机缘，我有幸在《环球时报》上发过两篇文章，都是和两岸有关的。在为数不多的交流中，能感受到她对两岸问题的关注和对中国发展发自内心的责任感。在写推荐语前，我刚刚看完 The Wizard of Lies（《庞氏骗局》）这部电影，伯纳德·马多夫和这本书中的采访对象罗杰斯恰好是两种截然不同的华尔街人物。张妮客观地记录了与罗杰斯的访谈，让我们深入了解这位伟大投资人的过去，又让我们从罗杰斯的视角分析中国投资的未来。

——北京合尊置业公司董事长、台北 S HOTEL 董事长
汪小菲

序言

当张妮向我询问能否写这本书时，我当即就答应了，因为我是中国、《环球时报》以及张妮作品的"粉丝"。

过去35年，中国是世界上最成功的国家，它也将是21世纪最重要的国家。19世纪是英国的世纪，20世纪是美国的世纪，而无论人们喜欢与否，21世纪将会是中国的世纪。许多人都反对中国的崛起，但这无关紧要。与历史抗争，只会浪费时间。中国以外的很多人不明白当下事件的历史意义，其实中国内部也有许多人不明白。

在世界历史上，中国是唯一经历多个强盛时期的国家。罗马、埃及、大英帝国都曾经强盛一时，而中国却几次登上世界之巅，虽然也遭遇过多次崩溃和重大灾难。经历了几个世纪的衰退后，中国现在的情况已经好转并将再一次领先世界。没有任何其他国家能做到这一点。1978年，邓小平说,我们必须尝试一些新东西了,于是中国开始重新对外开放。邓小平解释说,打开窗户,新鲜空气和阳光会进来,也会飞进苍蝇。但是,他终究还是打开了中国的那扇窗户。

不少人发表"中国崩溃论",并因此出名。一些人的论断已经持续了10年甚至20年。事实上,无论是个人、家族、企业或国家,在他们崛起的路上,都会遇到各种难题。因此,中国的崛起之路必定会伴随一些挫折。美国是20世纪最成功的国家,但美国在攀爬到世纪之巅的路上也曾经历许多灾难:多次经济大萧条和破产、一次可怕的内战、街道屠杀、几乎没有人权和法治……1907年,眼看美国就要取得巨大成功之时,遭遇了金融系统崩溃,但最终美国还是挺过来了,并主导了20世纪。我不知道中国何时将出现何种问题,也不知道为何出现那样的问题,但是我知道它们一定会到来。我的建议就是,做好迎接和应对问题的准备。汉语经历了上千年的发展,它有一个英语里不存在的、非常妙的词语——"危机",这个词意味着危险与机遇并存。我希望,当问题出现时,我也能很机智地应对。1966年,日本经历了大范围企业破产,整个国家几乎处于崩溃的困难境地。但此后,它进入了长达数十年的强盛期。因此,如果中国遇到了难题,请一定牢记"危机"这个词。

因为中国必将崛起，我决心让我的两个女儿从一出生就开始学习汉语。2007年我们举家定居亚洲，以便女儿日后可以说地道的汉语并了解亚洲，为她们迎接"中国世纪"做好准备。1807年，聪明人移居伦敦。1907年，聪明人移居纽约。2007年，亚洲才是聪明人的去处。即便我们看到中国存在一些问题，也不会去学习丹麦语或别的语言。希望我们能将"危机"这个词时刻印在脑海里。邓小平曾说过，不管是黑猫还是白猫，只要捉到老鼠就是好猫。因此，真正需要的时候，中国一定会找到合适的"好猫"。

我预计，在接下来的几年，世界范围内将会遇到一些困难。导致这些困难的因素很多，但最主要的原因是发达国家的巨额债务。由于美国和世界其他地区的高额债务，我们在2008年就已遭遇了很大难题。自那以后，世界各地的债务都大幅攀升。因此，当下一次经济挫折到来时，情况将更加糟糕。2008年，中国未雨绸缪，储备了很多资金。经济危机开始时，中国投入不少储备，拯救了整个世界。然而，现在，中国也积累了大量债务，数十年来这还是第一次。一旦西方国家再次出现经济问题，与西方有业务往来的中国公司将面临财务问题。正如一个企业的客户遇到问题，该企业也会面临挑战。一些和西方有业务往来并积累了较高债务的中国公司届时可能破产，这会让西方世界和亚洲震惊。中国政府曾表示不会支持倒闭企业，一些中国公司面临破产，这对中国乃至世界都将是件有益的事。当有人身处困境时，更有能力的人接管资产进行重组，并以一个良好的基础重新开始，经济系统一直都是以这种方式运行的。但近年来，西方世界和日本却不是这样。西方和日本政府把资产从有能力的人手中夺走，分给无能之辈。这样，无能之辈就可以继续从有能力的人那里争夺资产。日本已经历3个"迷失的十年"。日本的股票指数现在还跌至27年前一半的水平。这些年来日本和西方国家一直相对衰落，而中国却不断崛起。

尽管与发达国家有业务往来和债务关系的中国人会很难受，但其他中国人受到的负面影响将很少。一些人在忙于解决中国的环境污染问题，甚至连西方国家是否消失了都没注意到，因为他们有太多事要做。那些从事和孩童有关的工作的人将迎来更好机遇，因为中国的独生子女政策在某种程度上已经被取消。

中国的"一带一路"倡议是当今世界最振奋人心的发展之一。地理环境发生变化的情况是罕见的。19世纪的"丝绸之路"改变了其周遭的地理环境。在我的理解中，"一带一路"也正在改变地理，一些人会因此获得巨大的财富。

我知道，当中国以外的世界出现问题时，部分中国人会受到影响，其他人则依然安好。我并不是中国人，不会也不能告诉中国应该怎么做。况且这40年来中国已经做得非常好了。我只是希望中国可以更快地对外打开市场。邓小平当年很有远见，他说，过河的时候要慢一点，每前进一步，应该先踏稳垫脚石。但是，现在已经是2017年，不是1917年。中国已经取得了辉煌的成就、丰厚的资产、非凡的能力和重要的地位。中国政府会继续对外开放，但如果是我的话，为了中国和世界的利益，我会加快中国对外开放的脚步。是的，更多的苍蝇会飞进来，但市场及人民币的正常波动和更大程度的开放，对中国来说只会有益而无害。中国政府曾表示，未来，他们将允许市场在经济决策上有更多话语权。他们是对的。如果是我，会更快落实这一设想。

1984年，我第一次到中国来，当时我害怕极了，因为美国的宣传机构总是说中国人很邪恶，很可怕（这其实给我上了一课：很多宣传都应不予理会），但我很快就意识到，中国人其实是受过良好教育的、有雄心且有礼貌的。在我早年的中国游历中，我去的地方越多，越能看到令人兴奋的事情正在酝酿。我向西方世界解释我所看到的，却遭到巨大的嘲笑和奚落，但是现在，大部分人都意识到，大事件正在发生。

1984年到现在，是一段很长的人生旅程。很多年前，当我还是生活在美国亚拉巴马州一个小村庄的孩子时,我对中国知之甚少。现在,我和家人的生活发生了很大改变,这一切都源于中国。我期待中国给人们带来更多令人兴奋的时光。

我想,现在我应该把话题交给张妮。

吉姆·罗杰斯

2017年3月于新加坡

前言

清晨6点,天还黑着,新加坡一处高档住宅区静悄悄的。

我在一栋别墅的大门口向里望,一楼房间透出电脑屏幕的微弱蓝光,隐约传出BBC新闻播报的声音。

我穿过院子,轻轻推门走进别墅,门上的铃铛发出清脆的"叮"声。正在电脑前工作的罗杰斯看到我,小声说,"请坐下等一会儿",然后继续忙。

十几分钟后,二楼响起脚步声。两个金发碧眼的小女孩穿着统一的白色校服裙,边聊天边下楼,个头儿一大一小,大书包占领了她们娇嫩的后背。见到我,她俩礼貌性地、用纯正的中文说了声:"你好!"

"姑娘们,出发吧!"见女儿们已到齐,罗杰斯摘下眼镜,离开电脑,戴上草帽,推门进院,熟练地将一辆木质三轮车骑到门口，他的女儿——12岁的乐乐和7岁的小蜜蜂跨进三轮车，并排坐着，空间刚刚够。罗杰斯回头看看我，微笑着问："你骑自行车没问题吧？我知道中国人都会骑自行车。"在得到"没问题"的回答后，73岁的罗杰斯矫健地登起车轮，向女儿的小学方向骑去。

天逐渐亮了，空气中的温度和湿度开始上升。在这个热带国家骑自行车，是对身体和心理的双重考验。我很快就体会到大太阳底下被烙馅饼的感觉，但罗杰斯好像屏蔽了这一切，乐在其中。

跟在他们身后，眼前的景象耐人寻味。作为与巴菲特、索罗斯齐名的"世界三大投资大师"，罗杰斯在中国的每次演讲都吸引众多社会名流。喜欢领结配西装打扮的他，被各大媒体的"长枪短炮"和无数请求签名合影的粉丝簇拥、追逐。而此刻，这位国际著名富豪就在我前面1米远的地方，穿着已经褪色的淡粉色T恤，帽子上一根快要脱落的草棍向外翘着。他不时让女儿用中文和初次见面的我说话，小丫头不情愿，罗杰斯没招儿，无奈的表情像任何一位普通的父亲。

这位土生土长的美国"股神"，正享受着他在亚洲的新生活。准确地说，这是他人生中最大胆的投资。

英国哲学家维特根斯坦说："要知道我们说过的东西很

容易，但是，要知道我们为何这么说却非常难。"我太喜欢这句话了，因为，这就是本书试图阐释的主题。

近20年来，罗杰斯在全球的每一次演讲中，都发自肺腑地重复同一句话："21世纪是中国的世纪。"一次对罗杰斯的专访，触发了我的好奇心：他为什么这么说？西方的"中国经济崩溃论"层出不穷，罗杰斯为何如此笃定中国的未来？作为投资家，罗杰斯观察中国的视角与政治家、经济学家、文学家有什么不同？他大举投资中国、移民亚洲，与他的投资哲学、思维方式以及华尔街的戎马生涯有着怎样的关联？十几年的记者生涯中，我第一次对采访对象产生如此强烈的冲动，想要破解他的思维密码。而它承载的信息和容量，远远不是一篇两三千字的文章能满足的，必须借助一本十万字的书。

巴菲特曾说：罗杰斯的预测能力无人能及。采访中，我不止一次问罗杰斯到底如何预测未来。"我也不知道，"他摊开双手，耸了耸肩，"如果我知道，就把它装到瓶子里，拿去卖。"

我希望，只是希望，这本书能成为那个瓶子。但是，就像一个散户永远不可能了解你投资的那家公司的一切，我也绝不可能了解、理解、领悟罗杰斯的全部思想。事实上，这个瓶子里装的充其量是我向罗杰斯先生集中请教七日、追踪采访两年的心得报告。

投资家的天性是寻找潜力股，记者的本能是挖掘好故事。于是，罗杰斯投资生涯最浓墨重彩的一笔，超越了他此前的格局，也成全了我的故事。

本书中，我试图解答三个问题：一、罗杰斯的投资理念和思维方式是什么；二、他为什么看好中国；三、他如何投资中国。

"对于刚刚开始起步的投资者来说，模仿那些已经被市场证明行之有效的投资方法，是事半功倍的做法，但令人吃惊的是，这样做的人实在少之又少。"巴菲特的另一句话告诉我们，投资是有"捷径"可走的。借大师一点智慧用用，肯定能少走很多弯路。至少采访结束后，我第一次明白，以后炒股，应该在熊市买进，牛市卖出，而不是相反。另一大收获则是，我第一次借助一位外国投资家的视角看中国，重新理解现在的中国正在发生什么，意味着什么。

张妮

2017年7月于北京

目录

序言／吉姆·罗杰斯
前言

第一章　初识大师 / 001

第一节　车中的"早餐采访" / 004
第二节　新加坡的家 / 011
第三节　从草根到大师 / 014

第二章　扬名华尔街与经典投资案例 / 033

第一节　结缘索罗斯 / 035
第二节　自由人生 / 045
第三节　经典投资案例 / 050

第三章　三次穿越，见证中国十年巨变 / 063

第一节　原来，中国人不是暴徒 / 066
第二节　第一次穿越中国：市场经济的脉搏 / 071
第三节　第二次穿越中国：智慧的养蜂人 / 079
第四节　第三次穿越中国：惊艳东方明珠 / 085

第四章　环视全球，谁是下一个中国？ / 091

第一节　"金砖四国"中的另外三国 / 093
第二节　朝鲜，下一匹黑马？ / 100
第三节　美国正在走向衰落？ / 105
第四节　其他发达国家前景 / 116

第五章　21 世纪为什么是"中国的世纪"？ / 127

第一节　中国的优势与前途 / 130
第二节　中国的挑战与风险 / 139

第六章　罗杰斯中国投资档案 / 155

第一节　四次集中投资 / 158

第二节　当前重点投资领域 / 166

第三节　对下一代最好的投资：移民亚洲，学中文 / 184

第四节　新加坡，新生活 / 190

第七章　中国股市投资问答 / 195

第一节　中国股市预测 / 198

第二节　如何选股 / 207

第三节　对中国股市的建议 / 213

第四节　对中国金融业及中国经济的思考 / 218

第五节　财富观 / 227

第八章　投资哲学 / 235

第一节　投资三原则——摸象理论 / 237

第二节　价值投资 / 243

第三节　思维方式与做事准则 / 248

后记 / 265

第一章
初识大师

我做了自己喜欢的事,钱自然就来了。我从小就喜欢探索世界。在华尔街,我的视野遍及全球。如果可以,甚至能预测未来。比如,判断智利政变是否会抬高全球铜价。这个工作让我着迷。我一直很诧异,公司为什么要付我工资,我只是在了解这个世界而已。

——吉姆·罗杰斯

第一章 | 初识大师

北京到石家庄的高铁只需一个多小时。车窗外,农田茁壮,树林茂盛,阳光明媚,满眼的绿色让人恨不得置身其中,尤其在初夏的周末。

不过,只能想想而已。我把目光从窗外飞掠而去的风景转回车厢,落到一张 A4 纸上,上面打印着采访提纲。我不由得继续焦虑起这几天重复的那个问题:采访能做成吗?

对这次采访格外上心,一是因为对媒体来说,名人效应总能吸引更多关注;二是对财经记者而言,吉姆·罗杰斯让人无法抗拒,就像小白兔没法抗拒胡萝卜。当下的中国正处在"全民炒股"时代,很多人热切地期盼选对一只股票,一夜暴富,实现财务自由。但是,究竟如何选择?各种炒股理念满天飞,哪个才是真理?"砖家"预测被一次又一次证明不靠谱。缺少专业指导,成了中国广大股民的普遍焦虑。遥想 30 多年前,罗杰斯和索罗斯共同创办的量子基金，在创办 10 年之际，其投资组合比创业之初上涨 4200%，与此同时，标准普尔指数只上涨 47%。这一神话的缔造者之一正是罗杰斯。此时，罗杰斯现身中国，这时不取经更待何时？世界级投资大师怎样选股，如何看中国股市和中国经济的未来？我强烈希望从他的脑袋里寻找答案。

第一节　车中的"早餐采访"

　　自从前几天在网上看到世界投资大师、量子基金联合创始人吉姆·罗杰斯将先后在石家庄、上海和北京演讲的消息，我就抑制不住兴奋，四处联络，希望有机会专访他。被北京、上海的活动主办方告知不确定采访安排后，我决定自费跑一趟石家庄。十多年采访经验给我一个直觉：那里也许有戏。在非一线城市搞活动，通常不会戒备森严，媒体竞争也没那么白热化。到了活动举办地，离演讲还有两小时。墙上挂的电视上，显示着罗杰斯的照片和文字简介，我准备走过去看看。

　　"来了来了！""谁来了？""罗杰斯！"

　　身后突然传来几名服务员急促而激动的声音，我转过身，果然，一位外国老人由几个人陪同走进会场。他个子不高,有些发福,笑起来显得爽朗、随和,但和其他人明显不一样,眼神里透着一种自信和坚定,气场很足。我再次对照电视上的照片,没错,就是罗杰斯!他为啥提前这么久就来了?

我跟着人群走到会场第一排,原来,罗杰斯要提前演示一下他的PPT,里面有几个视频。结果,视频放不出声音,还经常卡。罗杰斯收起笑容,让技术人员反复测试,但还是不行。他开始有些生气和着急,皱着眉头,反复用英语说:"换个人试试!"现场一阵混乱。过一会儿,不知是谁,终于把PPT鼓捣好了。视频顺畅地播放出来:一个十几岁的外国小姑娘用字正腔圆的中文朗诵了一首唐诗。之后,一个六七岁的金发小女孩说了一段中文绕口令。憨萌的样子把在场的人都逗乐了,笑容也回到罗杰斯的脸上。

之后的媒体群访环节,我向罗杰斯提了一个问题:"中国已经进入'全民炒股'时代,股市涨跌影响了人们的心情甚至严重影响了一些人的生活。就在前不久,一名中国股民因为巨额亏损而自杀。正确的炒股观应该是怎样的?"这个问题成功吸引了他的注意,他略显激动地说:"你应该对你们的读者说:股市不是闹着玩的!股市会给人们带来很大收益,也会带来很大灾难。如果你还不知道股市会带来不可挽回的灾难的话,就不要投身股市!"群访结束后,罗杰斯走到我身边，说了声："问题很好！"我暗自高兴，也许专访有戏。

演讲时间到，罗杰斯顺利地播放了PPT，除了他的两个女儿飙中文，还有他1999年第三次环游世界并在那期间举办婚礼的视频片段。他说，作为一名国际投资家，他在那次旅行结束之后，就确定中国将是21世纪最伟大的国家。"如果说19世纪是英国的世纪，20世纪是美国的世纪，那么，21世纪就是中国的世纪。"接着，他展示了一张表格，"这个表格大家可以很容易从公开渠道获得"，上面列出了中共十八届三中全会透露的未来中国将重点发展的领域，包括农业、旅游、金融等。"我认真研究了这次重要的会议，并投资了所有这些领域中的好公司。"

演讲后的问答环节，观众们提问踊跃，甚至一度场面失控，话筒不知道被谁"传"或者说"抢"到哪里了。罗杰斯只好当起现场调度："谁拿到话筒了，请抓紧提问。"大家纷纷抛出各种疑问："我刚开始炒股，现在是入市的好时机吗？""中国股市今年能涨到多少点？""能不能透露您买了哪些中国公司的股票？""我们公司是做×××的，今后能和您合作吗？""您是怎么教育下一代的？"……罗杰斯都耐心地给予一一解答，还不时和观众开个玩笑："你是有两个儿子吗？那我得记下你的电话，我有两个女儿。"

热烈的活动刚宣布结束，罗杰斯瞬间被观众们包围，被要求换名片、合影、签名。罗杰斯很开心、很享受，乐于配合。

在演讲结束的3小时内，我不停地与罗杰斯的经纪人李建先生沟通，经李先生的不懈努力以及我的死缠烂打，我终于得到了一个独家专访罗杰斯的机会。时间安排在第二天早上6点，地点是车上，确切说，是在罗杰斯从酒店到机场的路上。为了赢得更多采访时间，我退掉了第二天回京的火车票，改签成与罗杰斯同一航班，飞往上海，参加他另一场演讲。

转天早上，我顾不上吃早饭，准时在酒店大堂等候。过了几分钟，罗杰斯、李先生、主办公司老板等几个人拖着行李箱到了。因为来不及吃早饭，他们让酒店把早餐打包带上，也帮我打了包。罗杰斯、翻译和我被安排在一辆车上，其他人坐另一辆车。

我至今依然清楚地记得那次有几分滑稽的采访画面：罗杰斯撕开酸奶瓶的封口，剥掉香蕉皮，沾上酸奶，咬了一口。瞅准他嚼东西的空当，我提出问题，待罗杰斯听过翻译的问题，嘴里的东西也吃完了，他开始回答："看看窗外，这就是现在的中国，没有改革开放30年，就没有这一切，你也不可能坐在这里采访我……"在翻译译成中文的过程中，他开始吃下一口。

配合默契，40多分钟的专访进行得很顺利。下车后，大家拿好各自的行李。罗杰斯的行李箱撑得鼓鼓的，很沉，他还背着一个双肩包。同行的人要帮他拿行李，他说什么也不肯，坚持自己拿。在机场的贵宾候机厅，采访继续。

飞机上，我向李先生打听，邀请世界三大投资大师——巴菲特、索罗斯、罗杰斯来华演讲，谁最好请？李先生说，从2000年开始，就一直有人想通过他邀请巴菲特来华演讲，他多次致电巴菲特，但都未能如愿。因为巴菲特工作实在太忙，连电子邮件采访都无法接受。索罗斯的出场往往附带一些政治条件，很多国家对此并不欢迎。相比而言，罗杰斯早已退休，时间较充裕；他了解中国，投资了很多中国股票；他住在新加坡，离中国也近，"所以，三人中，邀请罗杰斯来中国演讲是最现实的"。

2014年，李先生运作了5场罗杰斯来华演讲，2015年又安排了10场。李先生说："罗杰斯在决定是否接受中国企业、机构的邀请前，会让他的中文助理登录邀请方的网站，并在网络上搜索与邀请方相关的信息，以确保该机构从未发生过金融丑闻和欺诈事件。他一定会拒绝曾有污点的公司，也会避免有些机构利用他的名声达到不良意图的做法。"

第一章 | 初识大师

"罗杰斯很讲信用，只要签了协议，都会尽全力履行，到目前为止从来没有爽过约。"李先生说，这次石家庄演讲，由于天气原因飞机误点，致使他们在机场滞留9小时，"罗杰斯非常着急，他说，哪怕没有头等舱，哪怕坐5小时汽车，他都要准时赶到演讲现场。他真的很敬业。"

下飞机后，得知我将在上海听他另一场演讲，罗杰斯耸耸肩说："那你一定会觉得很无聊。"大家在他的幽默中笑着道别。在上海，他的演讲吸引了众多当地的金融界人士，座无虚席。不出意料，媒体被远远地隔离，别说提问，就连看一眼罗杰斯都只能在200米开外。我庆幸自己在可爱的石家庄完成了专访，不用再打这场看不到结局的媒体大战了。

来之不易的专访报道，在报纸上做了一整版，但我意犹未尽。一篇三四千字的文章，装不下罗杰斯的投资智慧和传奇人生。他的炒股秘诀，我还没搞清楚。他如何投资中国，还有很多细节未知。更令人疑惑的是，他为什么断定21世纪属于中国？如同两个陌生人，从陌生到熟悉，到吸引、爱慕，再到厮守一生，罗杰斯对中国的认识一定也经历了类似过程，这一切究竟是如何发生的？

这些年，中国始终处于国际舆论的风口浪尖，西方媒体针对中国的诸多不实报道，大都源自对中国不了解。作为记者，我一直渴望以更新的视角、更好的故事，诠释这个每天都在变化的复杂中国。而罗杰斯，这个地道的美国人、成就于华尔街的投资大师，30多年前就开始以投资人的眼光和思维观察、考察中国，并大举投资中国。他的投资背后，一定隐藏着某种独特的、与大多数西方人不同的眼光和嗅觉。这个真实的故事，不正是我多年来一直在寻找的吗？

2015年6月的一天，专访罗杰斯一个月后，我在下班的路上突然冒出一个想法：何不给罗杰斯写一本书，把他为什么看好中国这事说明白！说干就干，在给罗杰斯的邮件中，我写下出书的设想、主要结构和内容概要，希望进一步采访他，并获得他的出版授权。确认无误后，我点击了"发送"。

结果，刚过一天，就收到罗杰斯的回复。邮件里只有几个简单的英文单词：Sure, Let's do it !（当然，就这么办！）

没想到，他这么痛快就答应了！兴奋过后，我着手和罗杰斯的秘书商定采访时间。虽然早已过上退休生活，罗杰斯的日程仍安排得很满，几经调整，终于敲定在2015年7月一个完整的星期，对罗杰斯进行集中采访。地点在新加坡，罗杰斯的家。

第二节　新加坡的家

我一直很好奇：世界富豪的家到底什么样？按地址打车到了那儿，当地出租车司机问："这里是中国大使馆吗？"

两层别墅很漂亮，院里的喷泉哗哗作响，给炎热的午后带来爽快的凉意。

按门铃后，保姆从屋内遥控，将大门打开。

走进院子，里面倒不奢华，至少，肯定没见到私人飞机、豪华游艇。院里搭了个简单的棚子，下面放着三辆自行车、两辆木质三轮车。还有一个原地蹬自行车的运动器械，地上放了几个哑铃，这些难道是73岁的老爷子锻炼用的？

一进屋，立在墙边的棕色中式屏风很抢眼，上面的图案像是古代宫女，透着风雅。客厅里，中国纪念品随处可见，如红卫兵艺术雕像、中式雕花茶壶等，墙上挂着一幅中国书法作品，上面写着一个"寿"字。

一楼的几个房间里，出现最多的是罗杰斯一家四口笑容灿烂的合影以及印有合影的杯子、靠垫。另一个出镜率最高的物品是世界地图。桌上、角落里大大小小、各种材质的地球仪有五六个。客厅一角，是罗杰斯的简易办公区，其实只是一张普通的桌子，上面是电脑、台灯、文件等，还摆着一个小纸牌，上面打印着他的英文名：JIM ROGERS。

一只可爱的毛茸茸的小狗不知从哪儿跑过来，脾气很好，也不叫，只是围着我转。

书房不大，也很简单，一张桌子，几排书架，一张罗杰斯画像放在桌上显眼的位置，背景是鲜红的中国国旗。据说是位中国艺术家送给他的。罗杰斯的秘书就在这里办公，她招呼我坐下。这位新加坡姑娘说，她每天早上来这里上班，自己带饭，晚上回家。除一家四口，家里还有一个保姆、一个司机。孩子的中文家教下午四五点会来家里上课。

秘书告诉我，罗杰斯正在从伦敦返回新加坡的旅程中。他去母校牛津大学出席一个赛艇活动，当初他可是赛艇队的主力。我心想，可能正是因为年轻时基础打得好，现在他才老当益壮，精力超强吧。罗杰斯嘱咐秘书，让我随司机一起去机场接他。又一次，在车上开始接受采访。

时间差不多了，我坐上罗家的车（不是奢华品牌）前往机场。等了一会儿，只见戴了顶棕色礼帽的罗杰斯拖着行李箱，从里面走出。他认出我，走过来，行了个吻手礼。

刚上车，他就拿出手机，说刚刚有两个记者想电话采访他,在机场不方便,他现在回过去。电话接通了,他开始回答关于近期大宗商品走势的问题。十几分钟后,采访结束,他挂上电话,对我说:"OK,问吧。"

看他一脸疲惫,我问他要不要稍事休息,等回到家再采访。他说:"没关系,我什么时间都可以,只要你想问,我就可以回答。"看他这么敬业,我也不好推辞,开始提问。

到家了,我跟在罗杰斯后面径直走进客厅。他打开行李箱,一边把行李箱里的日常用品一件一件拿出来,分别放在原来的位置上,一边回答我的问题。突然,门后蹿出一个六七岁的小女孩,蹦起来大叫了一声:"Daddy(爸爸)!"

罗杰斯着实被吓了一跳,他扭过头,原来是小女儿小蜜蜂。这个活泼可爱、金发碧眼的漂亮小妞,看一眼就让人喜欢。罗杰斯高兴地把女儿抱起来亲了又亲,然后向女儿介绍我,让她用中文向我问好。小蜜蜂略带羞涩地看着我,说了声:"你好!"接着缠爸爸说话。这时,小蜜蜂的姐姐和年轻漂亮的妈妈笑盈盈地现身,一场精心策划的欢迎仪式成功了。

在一家团聚的幸福时光,我的出现显得不合时宜,便思量着要走。不过,罗杰斯和家人说了会儿话后,就对围在身边的小蜜蜂说,爸爸在工作,让她晚点再来。小姑娘不太情愿，一步三回头地出去了。

　　罗杰斯让我继续问。没过一会儿，小蜜蜂又来了，安静地在爸爸旁边玩了一会儿，又拉着他说话。

　　我心疼地看着小蜜蜂渴望的眼神，再也不忍心问下去了。尽管罗杰斯依然说不要紧，但我坚持告辞。

　　罗杰斯和我约好，第二天早上6点在他家等，他要送孩子上学，如果我愿意，可以一起去。我当然希望多了解他的生活、他的想法。

　　之后，我把罗杰斯的时间还给了小蜜蜂。

第三节　从草根到大师

　　像小蜜蜂这么大时，罗杰斯也是一个天真的小孩，但家境远不如现在。出自草根的他如何成长为世界公认的"投资大师"？我想，要破解罗杰斯的思维密码，首先应回到他思想的源头，回到他的童年并跟随其变化的轨迹。

一、5岁赚钱，6岁创业，11岁赔本

　　罗杰斯家里挂着一幅画，上面是一棵树。凑近仔细看，

这棵树的树干、树枝、树叶上密密麻麻用英文写着不同的名字，原来这是家族图谱。他指着家族大树右下侧一个树枝上的名字说："我在这儿"。顺着这条树枝找到树干，时光回到 200 年前。

美国亚拉巴马州一带曾被称为"黑带"。两个世纪前，那片肥沃的黑土地上曾遍布一望无际的棉花田，丰收时仿佛来到白云环绕的天际。然而，一派繁荣美好的景象却因 1910 年的一场特大象鼻虫灾害灰飞烟灭。黑压压的象鼻虫吃光了棉花幼芽和棉桃，只剩光秃秃的棉秆诉说着突如其来的不幸。损失惨重的种植园主中，就有吉姆·罗杰斯的高祖查尔斯。

在中国记者杨青为罗杰斯撰写的传记《水晶球》一书中，详细地记录了罗杰斯的家族历史和他的成长轨迹。我从中浓缩出罗杰斯人生的重要节点与经典投资案例，并就一些重要事件与罗杰斯进行了探讨。简而言之，罗杰斯的高祖查尔斯是最早扎根美国南部"棉花之州"的白人拓荒者。1852 年，作为普林斯顿大学的高材生，查尔斯响应政府建设铁路的号召，很快成为该州一条地方铁路的首席工程师。1871 年，一家大型铁路公司将查尔斯所在的地方铁路纳入麾下，他因此获得新东家赠予的大片肥沃土地。之后，精明的查尔斯另行购买铁路沿线的大片土地，将这些土地以及妻子家族的土地都种上棉花，一举成为当地有名的棉商。

然而，1910年那场灾害使家族损失惨重。查尔斯的儿子、罗杰斯的曾祖父小查尔斯不得已带着妻儿离开家，前往美国当时的钢铁中心伯明翰做起矿井生意，很快在伯明翰以北地区拥有多个矿井。小查尔斯的第三个孩子魏德很能干，20岁就开始独立打理一处矿井生意，做得有声有色。他是罗杰斯的祖父。20世纪初的美国，矿工和矿主之间的利益冲突时有发生。在处理一次罢工事件时，魏德的手受了点伤，他起初没在意，没想到，伤口迅速感染发展成败血症，还没来得及转到伯明翰就医，40岁的他就不治身亡了。魏德的妻子没法再从矿上拿回一分钱，只好带着4个孩子回到自己的故乡格林维尔，在清贫的生活中独自将孩子抚养长大，其中最小的孩子詹姆斯就是罗杰斯的父亲。

詹姆斯在俄克拉何马大学的石油工程系就读时认识了恩奈斯汀，毕业后不久二人就走进婚姻殿堂。詹姆斯在太阳石油公司担任石油工程师，珍珠港事件爆发后，詹姆斯应征前往美国东部马里兰州的陆军基地服役，妻子开始长达6年的随军生活。

1942年10月19日，他们的第一个孩子吉姆·罗杰斯在马里兰州的巴尔的摩出生了。之后的几年，罗杰斯迎来了4个弟弟。

对于罗杰斯的父亲詹姆斯而言，十多岁时家道中落，让他很早就体会到生活的艰辛。他经常对孩子们说："树上长不出钱，要想过好日子，就要自己想办法赚钱。"也许受父亲教育的影响，或许是家族经商基因在召唤，罗杰斯很小就表现出对赚钱的极大兴趣和天分。

罗杰斯的三弟快出生时，5岁的他被送到位于雨果小镇的外婆家照顾。每年夏天的棒球联赛是小镇最受欢迎的活动。棒球迷外公经常带着小罗杰斯看比赛。但罗杰斯很快发现，自己对赛事并不那么感兴趣，吸引他的是，几个孩子在棒球场上捡空的可乐瓶。原来，把这些空瓶交给附近小卖店，就能换钱：每24个空瓶换5美分。这件事触动了罗杰斯的神经，他兴奋不已，软磨硬泡说服小卖店老板娘让他加入。得到同意后，他开始了人生第一次财富体验。有时他一天只捡到40多个空瓶，如果运气好，一下午就能捡500多个，这项工作给罗杰斯带来人生第一笔收入。从此，他对赚钱的兴趣一发不可收。

"我不知道对于赚钱这件事，自己是不是有天生的直觉，也许当时只是机缘巧合。"罗杰斯向笔者回忆道，5岁时，小卖部的老板娘给了他第一份工作，他发现自己挺喜欢挣钱，也很享受，"也许大多数人很难记得他们5岁时的经历，但那份工作对我太特殊了，我一辈子都记着，它对我的一生都有影响"。

三弟出生后，罗杰斯随父母搬到位于亚拉巴马州的德莫普里斯小镇定居。很快，一年前的棒球场"淘金"经验发挥了作用。6岁的他发现一个重要商机：当地棒球场上没人卖花生和可乐！他跃跃欲试。父亲对此非常支持，资助了他100美元，这笔钱被用来购买一部卖饮料和零食的小推车、一台二手花生烘烤机。罗杰斯的第一次创业开始了。父母帮他把花生炒好后，分装进小袋子，他们还买了冰袋，用于冰可乐。一切就绪，"创业小推车"闪亮登场。

6岁小孩的零食摊迅速成为小镇少年棒球联赛上的一道风景线，大受欢迎。当时一袋花生的市场价是5美分一袋，因为没有竞争对手，他们涨了价，卖10美分一袋。很快，罗杰斯一个人就忙不过来了，他雇4岁的弟弟帮忙看摊。等夏季联赛结束后，罗杰斯在镇上的银行开了第一个账户。那一年，他终于第一次用自己赚的钱买了喜欢的东西——一副4美元的棒球手套。第二年，他的生意已扩展到需要罗氏三兄弟共同打理了。10岁时，罗杰斯不仅收回了100美元本金，还赚了100美元。这在1952年是件不得了的事。

回忆这段经历，罗杰斯笑得很开心："我当时还招了一群小孩给我工作,包括邻居家的孩子,如果放到现在,我得因为雇用童工坐牢了。"他得意地对笔者说。

有了钱,罗杰斯就开始琢磨投资。1953 年,11 岁的罗杰斯和父亲决定干个大买卖——养牛。原因很简单:利润诱人,而且很多人都这么做。他们算了笔账:1949 年,一头妊娠母牛每 100 磅的利润是 2.35 美元,1950 年这个数字变成 11.71 美元,涨了 5 倍。[①]1951 年则达到 15.44 美元。虽然不知道价格飞涨的原因,他们还是决定投入全部积蓄。1953 年春,罗杰斯从当地农民那里买了几头小奶牛,让他们养大,准备秋天拿去卖钱。万万没想到,还没等到秋天,牛肉的价格就一落千丈,这笔生意血本无归。这件事让罗杰斯深受打击,他和父亲一直想不通问题到底出在哪儿。直到多年后,罗杰斯到华尔街工作,才明白这一投资犯了什么致命错误,也让罗杰斯总结出一条最重要的投资原则。这个谜底留到后面再揭晓。

失败并没有浇灭罗杰斯的赚钱热情。14 岁时,他把棒球场的生意交给弟弟打理,自己到附近的杂货店帮工,负责商品上架、招呼客人、打扫卫生等。勤奋、细心的他总是在上货时就记下货物的准确位置和价格,顾客需要时便

---

① 杨青著,《水晶球》,机械工业出版社 2014 年版,第 45 页。

能快速准确地找到。客人少时，他就将货架打扫一遍，让店面始终保持整洁。因为出色的工作表现，罗杰斯的工资从每小时50美分涨到55美分。不久后，他跳槽到当地最大的超市，时薪79美分。

16岁的暑假，罗杰斯成为一家建筑公司的短期工，在炎炎烈日下和工人们一起扛木头、砌墙、挑水泥。因为吃苦卖力，他的薪水从每小时90美分涨到95美分。仅一个假期，就赚了504美元。在其他一些时间，罗杰斯还当家教、在体育场解说足球比赛等。总之，只要能通过自己的劳动赚钱，他都积极尝试。可以说，对赚钱这件事，罗杰斯赢在了起跑线。

不要以为罗杰斯是个"不务正业"、只知道打工赚钱的孩子。事实上，他是不折不扣的"学霸"。可能因为喜欢读书，14岁的他就戴上了眼镜。他最爱看游记类小说。他中学看的第一本书就是英国作家查尔斯·狄更斯的《匹克威客外传》，他幻想自己有一天能像书中主人那样四处游历。后来，从华尔街功成身退后，他终于"幻想成真"，环游世界。看来，梦想还是要有的，万一实现了呢。

1960年，罗杰斯以全校第一、平均科目几乎100分的成绩高中毕业。惊喜地收到美国名校耶鲁大学的录取通知书以及每年2000美元的奖学金后，他成为这个偏僻小镇第一个考入耶鲁大学的高才生。奖学金是耶鲁大学为全美每个地区"国际钥匙俱乐部"的会员提供的。该俱乐部被认为是培养美国精英的摇篮,美国很多名人高中时代都是其会员,包括前总统比尔·克林顿等。俱乐部面向全美高中生,会员选拔标准非常严格。当时,德莫普里斯高中只有包括罗杰斯在内的15个孩子被选中,罗杰斯成为俱乐部在当地的主席。

"对于我这个来自穷乡僻壤的穷小子来说,能进耶鲁大学,真是不可思议。"不过,这股兴奋劲和自豪感并没有持续多久。很快,罗杰斯就感受到前所未有的压力。在人才济济的耶鲁,很多佼佼者出身显赫,视野开阔。"大部分同学来自知名高中,基础比我好。我唯一比他们强的地方,就是更勤奋。"罗杰斯告诉笔者,在耶鲁读书时,有同学问他花多少时间复习功课,那个同学认为用5小时准备考试足够了。"我无法理解这个问题,我从来不认为有'已经准备得够好'这回事。我一直在读书,直到全部理解为止,它和考试无关。"耶鲁大学本科前两年不分专业,大三分专业时,罗杰斯选择历史作为主修。那时,他还不知道金融是什么。

当然,罗杰斯并不是书呆子,他报名参加了学校的赛艇队,并成为舵手。他还继续自己的兴趣爱好——赚钱。

在耶鲁大学，一年的学费和食宿费共2300美元，去掉2000美元奖学金，还有300美元的资金缺口，这还不包括其他日常开支。于是，罗杰斯在本科生食堂找了份小时工的工作，还在学院里兼职，帮助院长组织体育活动等。

美好的时光总是过得特别快。大学快毕业时，罗杰斯开始为将来做打算，他一边留意工作机会，一边给英国牛津大学寄去申请表。

二、华尔街初体验

1964年，罗杰斯以优等生身份从耶鲁大学毕业。一名校友告诉罗杰斯，华尔街有家多米尼克合伙证券公司到耶鲁举行校园招聘会。那时，罗杰斯从未想过到华尔街上班。"当时，我对华尔街的认知仅限于：它在纽约，是1929年发生股市大崩盘的地方。我根本不知道股票与债券有什么区别。也许是机缘巧合，我和那位面试官很投缘，就这样被他带到了华尔街。"罗杰斯对笔者说，那家公司的面试官对他的简历很感兴趣，他们聊了很长时间。不久后，罗杰斯就收到了聘用通知。与此同时，牛津大学的录取通知书加奖学金也从天而降。经过一番思想斗争，罗杰斯决定到牛津攻读硕士，但也不愿放弃华尔街的机会，他希望把全职工作改为打零工。那家公司经过慎重考虑,竟破例同意了。那一年,罗杰斯的运气真是好到极点。当然,谁不喜欢聪明又勤奋的学生呢。

多米尼克公司成立于1870年,是最早登陆美国证券交易所的金融机构之一。那个暑假,罗杰斯在公司担任助理分析师。从事这项工作的一般是有财务、会计学专业背景或工作经验的人,对于一个文科生来说,难度和挑战可想而知。最初,罗杰斯的主要工作是撰写上市公司的研究报告。他发现,顺着一些数字竟能了解一家公司的经营状况,进而引发对更深层次问题的思考。没过多久,罗杰斯发现,他爱上了这份工作。"我一直都对世界上发生的事非常感兴趣,在华尔街,我可以尽情地做自己喜欢的事。我一直很诧异,公司为什么要付我工资,我只是在了解这个世界而已。那时我只去过加拿大,没怎么离开过美国。但在华尔街,我的视野遍及全球。如果可以,甚至能预测未来。比如,判断智利政变是否会抬高全球铜价。这个工作让我着迷。"回忆过去,罗杰斯仍掩饰不住兴奋。

暑期结束后,罗杰斯到牛津大学巴里奥学院深造,主修哲学、政治和经济学。经过耶鲁大学的洗礼,罗杰斯在牛津已颇为自信。在那里,他还将自己钟爱的赛艇运动推向高点。1965年的"亨利皇家赛艇会"上,他带领队友以优异成绩破纪录，获得冠军，并被载入吉尼斯纪录。这是罗杰斯第一次获得吉尼斯纪录，因为速度。多年后，他再获此殊荣，因为探索世界的广度。

读书期间，罗杰斯用自己的积蓄在华尔街开了一个股票账户。他买的第一只股票是IBM，买入价格为每股350美元。根据华尔街的初体验，选择这只股票之前，他做了详细的市场调查和分析，结果显示：全球70%以上的计算机由IBM公司生产，IBM当年发布的一个新产品系列由于倡导兼容性概念，被誉为"20世纪100项顶级技术"之一。罗杰斯判断，此举将使该公司具有广阔的发展前景。果然，这只股票的价格不断上涨。作为第一次试水，罗杰斯选择稳妥，小赚一笔后就卖掉了。但他对这只股票持续观察，后来其价格一路上涨到每股601.5美元。这让罗杰斯初次尝到成功预测未来的甜头。

第二年暑假，罗杰斯再次来到华尔街实习，基于上一年的良好表现，他在多米尼克公司的角色变为场外交易员。那时，MBA在华尔街盛行，罗杰斯也曾考虑去读，以提升专业素养。但一位资深前辈对他说："你在这里做空一手大豆所学的东西，比在商学院的书本知识强10倍！"罗杰斯认为有道理，便放弃了读MBA的念头。直到现在，罗杰斯仍反对学生去商学院读书。他多次对学生们现身说法：实践胜于一切书本知识。

罗杰斯一直没忘记儿时投资小牛失败的经历。华尔街正是解开这个谜团的地方。他查阅当年的商品年鉴后终于明白,原来,1950年发生了朝鲜战争,美国进行干涉,损失严重。受战争影响,美国所有商品的价格都在飞涨,包括牛肉。1953年美国牛肉的运输成本上涨75%。罗杰斯和父亲出手时,牛肉价格正好达到顶峰。结果,当年夏天,战争结束了,商品价格迅速回落。投资失败是必然的。他终于意识到,当初犯了投资中最致命的错误:高位买进。而犯错的原因是,他对投资对象及时代背景一无所知。

亲身经历与打工经验让罗杰斯逐渐明白,要想投资成功,必须获取尽可能多的信息、知识和智慧。于是,他养成每天收听BBC新闻、阅读专业财经报纸的习惯。有一次,他从新闻中得知:1964年,英国的外债和贸易逆差巨大。他认为,这一定会导致英镑贬值。但当时英国政府为维持英镑和美元之间的汇率,采取严格的外汇管制手段,还通过提高利率等方法延缓英镑贬值危机。罗杰斯希望在英镑贬值时低价买入,使他的美元升值。可惜,随后的军旅生活使投资计划落空,但后来的事实验证了他的预测:1967年,英国政府被迫宣布英镑贬值14.3%。这让罗杰斯对投资更有兴趣和信心。

1968年，罗杰斯在纽约港的军事基地哈密尔顿堡服役，他被分配做军人俱乐部的经理，主管俱乐部运营。其间，罗杰斯帮指挥官上司管理股票账户，几个月间赚了不少。相比投资，他对俱乐部的管理工作并不那么感兴趣。因为他除了计算成本，想着怎么赚钱，还要考虑清洁工作、食品安全等能想到的和想不到的所有问题。那时，他就感叹做实业太难，更坚定了选择投资作为终身职业的想法。

牛津大学毕业前，几名美国校友对各自的未来发展规划展开了一次讨论。很多同学希望从政，想当美国总统。罗杰斯对当总统没有兴趣。"我只想成为有钱人。有了钱就可以买到自由。虽然做企业家也能赚钱，但我是个怕麻烦的人。投资相对简单，我更愿意投资那些做得好的企业。"

回顾自己投身华尔街的初衷，罗杰斯对笔者坦言："最开始，我去华尔街实习，很大程度上因为我和那位面试官很投缘。到那儿以后，我才发现，华尔街正是我的兴趣所在。我曾经设想，牛津毕业后继续到法学院或商学院进修。但自从去了华尔街，我就不想再去读那些了，只想回到华尔街。"

1968年夏天，兵役结束后，26岁的罗杰斯和新婚两年的妻子露易丝一起，迫不及待地奔向华尔街，迎接他梦寐以求的投资生涯。

三、人生第一次破产

罗杰斯的南方口音和略显土气的穿着,似乎和这个投资天堂里的主流精英格格不入。但他对这些并不在乎,在这里,投资才是他唯一感兴趣的东西。父亲说过,唯有靠勤奋和智慧才能过上好日子。怀揣 600 美元的罗杰斯为了自己的财富梦想开始全身心投入。罗杰斯明白,华尔街不缺聪明人,但声名显赫的公司一夜间倒闭的例子不胜枚举,要与财富为伴,必须始终保持警惕。在他第一份长期工作——担任贝奇公司的初级投资分析师期间,他每天工作十五六小时。这家公司主要负责机械工具类和广告代理行业的投资分析。他看报告、写报告、分析上市公司……几乎没有休息时间,活脱一个工作狂。

"对于市场在周末休市我很难过,我不知道休市时其他人在做什么。我总是会阅读、学习与投资相关的一切。"罗杰斯对笔者说,在华尔街,你需要通晓一切,就像在玩一个三维拼图,现在变成四维了,第四维就是时间。世界上那么多人在同时了解这个拼图,你要尽量比别人快。所以,工作永远做不完,只会越来越多。"但是,我想象不出比这更好玩的事情了。"

"玩命"工作＋"贪婪"学习＝飞速进步。

1969年冬，罗杰斯根据多重信息，预测熊市即将来临，但很多同行并不这么认为。他把全部积蓄都投在辛辛那提铣削工具公司的看跌期权上。1970年年初，他的预测变成现实，美国股市经历泡沫破裂前的最后疯狂后，开始迅速下跌，华尔街很多公司始料未及，损失惨重，包括罗杰斯所在的贝奇公司，那一年它亏掉了900万美元。4月的一天，几家公司股票突然崩盘：电子数据系统公司的掌门人一天之内账面损失4.5亿美元；数据处理公司的股价从92美元跌到8美元……股市一片惨淡狼藉。而与此同时，罗杰斯投资的看跌期权净利润翻了3倍！罗杰斯兴奋至极：赚钱真容易，看来，我很快就会成为百万富翁了！

没想到，命运再次和罗杰斯开了个玩笑。

1970年的大冲击后，罗杰斯认为市场还会继续下探，虽然会有一波反弹，但之后会一直下探。他预测，有6家公司会在短期内破产。于是，他把全部家当拿出来，做空这6家公司。他以每股48美元的价格卖空"大学计算机"股票，希望等市场下挫时再吸进。结果，市场没有下挫，反而回升，他不得不一次次补仓。同时，他做空组合中的另一只股票的价格也在毫无道理地不断攀升。虽然他认为这两只股票的价格早已超出实际价值，但市场根本不认这个账,两只股票的价格一路上扬。为了补仓,罗杰斯很快就把近两年的积蓄全部搭进去。最后,以 72 美元的价格被迫平仓"大学计算机"。① 他在那些预测会破产的公司之前,先破产了。

一夜之间,富翁梦破灭。挫败、绝望、愤怒一口气吞噬了罗杰斯好不容易建立起的自信。他突然领悟了此前不以为意的两句话。一句是一位高级客户对他说的:"对你这样刚刚开始投资的年轻人而言,最好的教育就是让你破产!最好是破产两次!"另一句名言来自英国著名经济学家约翰·梅纳德·凯恩斯:"市场保持非理性的时间远比你支撑的时间长。"

"失去所有是一种很有益的经验,它让你明白你有多无知。"罗杰斯庆幸,自己是在拥有 1 万美元时破产的,而不是 1000 万美元。

一切从头再来。罗杰斯频繁换了几家公司,直到他成为纽伯格·伯尔曼公司董事会主席罗伊·纽伯格的助理。出生于 1903 年的纽伯格是华尔街的传奇人物。他对罗杰斯投资哲学、人生观甚至生活习惯的形成,产生很大影响。

纽伯格在纽约大学读到大二就退学了,他没有参加过

---

① 杨青著,《水晶球》,机械工业出版社 2014 年版,第 111 页。

任何商学院的培训。在 68 年的投资生涯中，他创造了无一挫败的神话，还是华尔街唯一一位在 1929 年和 1987 年股灾中不但没赔钱反而取得骄人成绩的"股神"，被美国投资界称为"炒股不败的世纪寿星"。47 岁时，纽伯格创建低佣金的"守护者基金"，被誉为"美国开放式基金之父"。但纽伯格对这些成就不以为然，他说："金钱使这个世界运转，但我不相信金钱；艺术不能使这个世界运转，但我相信艺术。"也许正是这种视财富为身外之物的轻松心态，反而让他赚了大钱，而且健康长寿。他 93 岁还在私人教练的指导下每周打 3 次网球，104 岁还到公司上班，直到 106 岁寿终正寝。

纽伯格擅长短线投资，依赖自己准确的判断力，迅速下手买进，赚钱后在恰当时机及时出手。但他同时非常重视长线投资。他认为，企业应经常投入大量资金进行长线投资。如果短期投资占主导，将危害公司的发展前景。

纽伯格提出了重要的"羊群"理论：在投资中，人们会像羊群那样随波逐流，相信大多数人会找到解决方案，但他们经常会互相牵连成为牺牲品。因此，纽伯格一直坚持自己的见解，不随大溜，经常持与大多数人相反的观点。

从这位大师身上，罗杰斯学到了一生受用的重要投资哲学——独立思考。当然，还有锻炼身体。如今，70 多岁的罗杰斯每天仍坚持连续几小时的大强度运动，即使到国外演讲，他也会在酒店的健身房锻炼。在北京的一次采访，罗杰斯就将笔者约到他入住酒店的健身房，身上还穿着那件发旧的淡粉色T恤。我问他为什么如此热爱健身，他说："如果没有健康，其他一切都毫无意义。"

为纽伯格工作期间，罗杰斯深得器重。纽伯格将"守护者基金"的15%交给罗杰斯去运营，他做得很不错。两年后，那只差点让罗杰斯破产的"大学计算机"股票，从每股96美元的价格一路狂跌到2美元。其他几家他当初卖空的公司也先后破产。事实证明，罗杰斯当初判断对了，但是，目标并没有在他预期的时间内实现。

罗杰斯对笔者说，从那时起他开始更多地了解自己："我并不适合做短线投资，不擅长像纽伯格那样准确预测时机。长线投资、预测大势是我的强项。因为短期的市场波动并不能反映公司及市场的真实情况，而长期走势通常符合客观规律。"于是，罗杰斯又准备跳槽了，希望找一份能充分发挥自己优势的工作。

这一次，他遇到了改变自己命运轨迹的那个人。

第二章
扬名华尔街与经典投资案例

有人说,就是因为我亲吻了睡美人,才让维也纳股市苏醒的。我个人力量薄弱,并不能推动市场。我当初所做的只是讲出实情,一旦你注意到市场的变化,而且情况无误,那么所有人都会如潮水般涌入。

——吉姆·罗杰斯

笔者在新加坡集中采访的 7 天里，在罗杰斯家中遇到了来自美国、英国、韩国等国的媒体同行，他们或对着罗杰斯拍摄或提出各种问题。多年来，罗杰斯的知名度与投资观点经由媒体向世界持续扩散。当初华尔街的无名小卒如何成为举世瞩目的投资界明星？转折就从他结识索罗斯，创办"量子基金"开始。

第一节　结缘索罗斯

离开纽伯格后，罗杰斯心中的理想去处是"双鹰基金"。这是由投资大鳄索罗斯与阿尔霍德·布雷奇罗德合伙人公司 1969 年共同创建的基金，创始基金 400 万美元，规模很大，运营良好。不过，让罗杰斯犹豫的是，1969 年索罗斯曾热情邀请他加入，但他当时有别的打算，拒绝了。现在吃回头草，合适吗？再三考虑，罗杰斯还是决定硬着头皮，争取这份工作。

和预想中一样，索罗斯还在为上次的事愤愤不平。即便如此，爱才的索罗斯还是冰释前嫌，请罗杰斯担任他的助理。比罗杰斯大12岁的索罗斯是位金融奇才。他1930年出生于匈牙利布达佩斯，毕业于伦敦政治经济学院。1956年来到美国，随后开始了在华尔街的奋斗，凭着智慧和才能干出了一番成绩。后来，他被一些人认为是1997年亚洲金融危机的始作俑者。

1971年，罗杰斯在双鹰基金上班了。没想到，不久后，基金遭遇重大挫折。那年，他们做空美国股市，做多日本股市。因为当时日本经济蓬勃发展，股票很便宜，在慢慢上涨，而这个市场却关注者寥寥。但这一向好趋势因为一则消息改变了。1971年8月15日，美国总统尼克松宣布关闭"黄金窗口"，即各国货币只有通过美元才能同黄金发生关系，同时宣布美国将征收10%的进口货物税。当时，实行"贸易立国"的日本已成为世界第二大经济体，积累了巨额贸易顺差。在其出口市场中，美国占据近40%的份额，是日本外贸最大的海外市场。美国这一政策转变对日本的影响可想而知。随后的一周，日本股市暴跌20%，而美国股市却一飞冲天。索罗斯与罗杰斯备受煎熬。

经过几次失败的历练，罗杰斯比以前更谨慎、更勤奋。时间就是财富。他基本不会加入别人的闲谈中，抓紧一切时间收集信息、学习知识。他每天要看至少5个国家的报纸。如果需要了解伦敦的事情，就飞到伦敦亲自考察。功夫不负有心人，他从一个个如蝴蝶扇动翅膀一样被人忽略的细微信息中寻找线索，干成了一桩桩大买卖，开始展露才华。

其中一个案例是，预测粮食危机。20世纪50年代到60年代，美国政府鼓励退耕植树、修建社区商场和娱乐设施，耕地和农业人口都因此减少。1971年，全球粮食供应紧缺。1972年，受自然灾害影响，全球很多地方包括苏联粮食歉收。有报告称，当年，世界的粮食总储备只够全世界人口吃66天。综合各方面信息，罗杰斯预测，未来几年肯定会出现粮食危机，粮食价格必然上涨。于是，双鹰基金在低价位大量买入肥料、农机农具和谷物公司的股票。1973年，美国与苏联达成粮食换石油计划，几个月内，小麦、大豆等粮食的价格飞涨。1974年，国际市场的粮食价格不断创新高，双鹰基金在高位卖出所有的农业股，大赚一笔。

短短几年，双鹰基金的规模从400万美元迅速挺进到千万美元。索罗斯与罗杰斯这对"黄金搭档"成为众多投资者的首选。不过，由于美国证券业佣金制度改革等因素，经慎重考虑，索罗斯准备和罗杰斯另起炉灶，创办自己的基金公司。以二人在投资界的影响力，很多投资者愿意追随他们，其中不少人来自欧洲。于是，他们把这只对冲基金定位为专门针对境外投资者的多元化的离岸对冲基金。1973年9月1日，索罗斯基金管理公司（量子基金的前身）正式成立，办公室位于纽约中央公园一角，包括一名秘书在内，整个公司只有3个人。索罗斯在公司创立时的投资占80%，其职务是高级合伙人兼首席执行官，罗杰斯拥有20%的股份，担任初级合伙人兼执行副总裁。由于公司没有招聘股票分析师，罗杰斯又兼任这一职务。基金的创立资金为1200万美元，是双鹰基金的3倍。两个人对这项新事业都热血沸腾。

在罗杰斯的著作《街头智慧》中，他介绍了索罗斯基金的不同之处。索罗斯基金有两大突出特点。一是对冲基金。和共同基金最大的不同是，对冲基金既能做多也能做空，而共同基金只能做多。因此，理论上讲，无论年景好坏，对冲基金都会赚钱。二是全球投资。那时美国很多基金公司的从业者连地图上奥地利、赞比亚的位置都找不到，更别说在那里投资了。因此，当时，这只基金的横空出世可谓独树一帜。他们在世界各地广泛投资股票、大宗商品、外汇、债券等，在别人尚未涉足或待开发的市场上掘金。

对于二人的分工和区别，罗杰斯在书中这样表述："索罗斯是非常优秀的交易员，对市场时机和交易的感觉相当敏锐，而我对此并不擅长，也毫不在意。我做了大量调研工作，我感兴趣的是透过岩石、寻根究源，去发现世界上将要发生什么事情，预测事物变化的趋势。"

新公司成立不久，就赶上持续一年的熊市。全球只剩下少数几家对冲基金。不过，超强的预测能力、谨慎的投资态度和多元的弹性组合，使索罗斯基金躲过了肆虐的风暴，进账不少。在投资界，索罗斯基金的操作手法看起来完全反常规。1974年年初，他们做空那些市盈率动辄60倍甚至上百倍、被很多共同基金认为永远不会下跌的"漂亮50"蓝筹股。刚开始那些股票未跌反涨。但到当年年末，美国股市暴跌，"漂亮50"中的雅芳股价从每股150美元一路跌到20美元。那年，道琼斯指数下跌了41.9%，但基金净赚300万美元。在熊市中度日如年的人认为华尔街是个可怕的地方，在市场一片惨淡的衬托下，索罗斯基金的大幅增长显得格外耀眼。

在石油投资上，罗杰斯也打了个漂亮仗。70年代初，罗杰斯判断石油价格上涨是必然趋势。因为，全世界的石油需求不断增加，美国开始依赖进口石油。当时油价较低，他为基金购买了大量石油股票。阿以战争爆发后，美国对以色列的支持激怒了阿拉伯人，他们联合起来上调油价，并对西方国家禁运石油，石油危机爆发。从1973年5月到1974年6月，石油价格从38.5美元每加仑上涨到55.1美元每加仑，上涨43%，基金大赚一笔。不过，事物总在不停地发展、变化、转化。受石油危机的刺激，美国在接下来的几年掀起节能运动，并对本国油田加大开采力度。罗杰斯预感，石油价格将要下跌，开始看空油价。1980年，基金卖空所有石油股票。果然，没过多久，他们此前持有的汤姆·布朗石油公司的股票疯狂下跌，跌幅达90%。1980—1986年，国际石油市场经历了长达6年的熊市。索罗斯基金"幸运"地躲开了。

股市有风险，投资需谨慎。这句话即便对"老司机"索罗斯和罗杰斯，同样适用。在汹涌的大潮中，他们躲过了大风大浪，却没躲过暗礁。

1974年斯普拉格电气公司上市，索罗斯基金重仓持有该公司股票。二人一直看好这家公司。它1926年由海军军官罗伯特创办。靠发明更小、更便宜的电容器，这家公司在成立第二年市值就翻番。1929年公司员工迅速增加到500人，销售收入达50万美元。第二次世界大战给公司带来重大发展机遇。公司专门为美军生产尖端武器上的关键内置电子元器件，员工达到8000名，不仅在美国拥有6家工厂，在欧洲和远东地区也开办工厂。董事长罗伯特因此被美国总统艾森豪威尔任命为美国安全委员会大陆防控司令部的顾问。由于军需品需求大增，公司开始研发导电环和半导体。索罗斯和罗杰斯都认为，这家历史悠久、经受多年市场考验的公司，上市后一定会有很好的表现。他们希望该公司的半导体新业务，像电子元器件一样快速占领市场，带来另一次腾飞。

然而，故事并没有按设想的剧情发展。他们只看到这家公司表面的繁华，却没有察觉其内部暗藏的管理危机。为将新产品半导体的销售推上去，罗伯特把销售部门分为传统电容器部门和新兴半导体部门。因为二者消费群体不同，电容器部门主要针对的是对价格敏感的群体，而半导体主要服务于发展快、利润高的细分市场，满足新型设备和尖端设备的需求。虽然这种划分的出发点没问题，执行过程中却出现了偏差。

由于电容器已经得到市场认可，销售渠道稳定，该部门销售人员非常轻松就能完成销售任务。而作为新上市的产品，半导体需要销售人员花费很大精力去推销。试想，在电容器销售中能轻松拿到报酬，谁还愿意大费周折去推销半导体呢？因此，半导体的销售首先遭遇公司内部的消极对待。但管理者并没有发现这个问题，依然在资源配置上更偏重于半导体部。然而，事与愿违，半导体的销售一直不见起色，公司的运转不得不依靠电容器。几年后，日本低价元器件产品大量涌入美国，斯普拉格的电容器产品失去价格优势，公司销售额锐减，1986年不得不关闭多家工厂。此后，公司发展一落千丈。这笔投资最终使索罗斯基金亏损75万美元。

多么痛的领悟！罗杰斯自此意识到，对一家公司的研究，一定要深入内部，看清本质，不能仅凭一些文件、数字和表面印象就轻易下结论。

错误是通向成功的铺路石。接下来，索罗斯基金投资失手的概率越来越小，渐入佳境。不过，因频频卖空获利，二人被称为"邪恶的卖空者"。对于这一称号，罗杰斯很不服气。"一些公司和投资人想把自己的问题怪罪到卖空者头上。他们认为，如果自己在亏钱，一定是有人做了不好的事。有人还认为，政府应对此出台法律进行干预。实际上，卖空者的比例不到投资人数的百分之一。而且卖空对市场有益。"他对笔者说，"如果卖空的人判断正确，认为一些公司的股票会大跌，那么这些股票本来就应该被卖空。但如果卖空者是错的，他们自己就会遭殃。任何卖空只是短期行为，不会对上市公司有长期影响。在期货市场、大宗商品市场，很多人在卖空，也没有影响市场长期的良好发展。你会希望市场里有卖空的人。"

在这对黄金搭档的用心经营下，索罗斯基金不断壮大。1974年，标准普尔500指数狂跌26.4%，同期，该基金逆势上涨19%。1975年，基金资产从两年前的1200万美元迅速上升至2000万美元。绚丽的数字逃不过媒体的眼睛。1975年，《华尔街日报》的记者找到这对搭档，请他们谈选股秘籍。那时两人都是第一次接受知名媒体采访，一时不知该说什么好。他们的共同经验与核心观点是：如果你和华尔街每个人的做法一样，那注定要失败。5月28日，《华尔街日报》的头版以"海外投资基金逆势，避华尔街潮头，苦日子迎丰年"为题，大篇幅报道了索罗斯基金的惊人业绩。文中这样介绍这对黄金搭档："44岁的匈牙利移民索罗斯和他32岁的合伙人罗杰斯正管理着2000万美元的海外投资基金。数年来，这对明星组合向世人展示了其娴熟的买股技巧。在众多共同基金、商业银行的信托部门和其他期待卖空机会的机构中，他们傲视群雄，对华尔街的投资研究或利用成熟经济模型选购的方式不以为然。"[①]

罗杰斯对这段历史记忆犹新。他对笔者回忆道："1975

---

① 杨青著，《水晶球》，机械工业出版社2014年版，第173页。

年美国第二大报纸《华尔街日报》报道了我们的故事。那一年 JP 摩根因为买了一些股票损失了很多钱,但我们这些无名小卒却赚到了钱。我们的故事上了头版,还配上了我的照片。我当天就给远在亚拉巴马的妈妈打电话,让她去买份《华尔街日报》看看。妈妈说,报纸总是迟一天才到。第二天,我又给妈妈打电话,问她感觉如何。妈妈说:我看到报纸上登了你的照片,不过,你知道,这里没几个人看这个报纸的。"

不管妈妈当时是否了解这件事的价值,这篇报道已经迅速让机构投资者发现,华尔街原来有两个点石成金的高手。业内人士越来越关注他们的市场观点,各种金融机构、咨询公司、上市公司纷纷前来与他们谈合作。那些社会精英才能加入的俱乐部向他们敞开大门,媒体要求采访的信件纷至沓来……经过十几年默默耕耘,两个人一夜成名。

1976 年,索罗斯基金资产猛涨 61.9%。1977 年,道琼斯指数下挫 13%,基金资产同期上涨 31.2%。1978 年,索罗斯基金更名为"量子基金"。名字的灵感来源于诺贝尔物理学奖获得者、量子力学之父海森堡。他们希望基金能像量子一样跳跃成长。当年,量子基金的业绩增长 55.1%,次年上涨 59.1%,资产扩容到 1.78 亿美元。1980 年,基金规模上涨 102.6%,资产达 3.81 亿美元。这对黄金搭档迎来合作以来的巅峰时代。然而，事物总是盈满则亏。正是这一年，绝代双骄分道扬镳。

第二节 自由人生

其实，1979年，罗杰斯就萌生退意。在华尔街打拼的十多年，罗杰斯将全部精力投入事业，从南方乡巴佬完美蜕变为华尔街精英。但同时，他也失去很多。没日没夜的工作使他忽略了家人，经历了两次失败的婚姻。在他的世界里，除了工作就是赚钱，他搞不懂为何一定要通过陪妻子看电影或逛街的方式，来表示自己是个体贴的丈夫。他对笔者说："我的前妻总是希望给家里添置家具。但我认为，用买沙发的钱拿去做投资，未来我们可以买20个沙发。"

那时，罗杰斯赚的钱已经够花一辈子了，他希望从此退休，体验投资之外的另一种生活。"世界那么大，我想去看看"，1979年秋，罗杰斯决定辞去工作。但在索罗斯的一再挽留下，他答应再干一年。没想到，1980年，他们并未和平分手，还差点打起官司。

两人分道扬镳的真正原因，坊间有很多传闻，但多年来他们都没有公开谈论过。美国记者罗伯特·斯莱特撰写的《索罗斯传》中有这样的表述:"1979年,49岁的索罗斯赚了足够的钱,他同时感到工作压力越来越大,基金规模扩大很多,原先3名工作人员已增加到十几人。负责员工管理的罗杰斯必须花费很多时间来决定何时给员工休假、提升,他对经营这么大的公司没有兴趣。索罗斯想引进一位新的合作伙伴,并将其培养成自己的接班人,罗杰斯反对这一想法,两人陷入了尴尬的境地。"这本书援引索罗斯的话说:"罗杰斯不同意我考虑的任何人选。他不能容忍其他人在身边,别人同他相处十分困难。"①

而在罗杰斯所著《街头智慧》一书中,他的说法是,1979年发生的很多事,让他觉得在量子基金不再有趣。1979年年底,美国证券交易委员会(SEC)调查量子基金对一家名为"计算机科学"的公司的投资,并指控索罗斯操纵股市,使该公司股票被人为压低。SEC给索罗斯一个签署服罪判决书的机会,即他和公司支付100万美元和解金,否认任何违规行为,但承诺不再这样做。罗杰斯并不同意签署这个判决书,如果没做错什么,为何要签署呢?结果,索罗斯的回答令他大吃一惊:"因为我当时就这么干

---

① 罗伯特·斯莱特著,陶娟译,《索罗斯传》,中国人民大学出版社2015年版,第88页。

了!"罗杰斯在书中写道:"我记得当时告诉他:'我的名誉可比 100 万美元值钱得多!'我还清晰地记得他的回答:'对我来说,不是。'他说这话时带着开玩笑的口吻,但他的意思是,在证券市场,赚钱比任何事情都重要。"①

据《水晶球》一书披露,刚开始索罗斯还极力挽留,见罗杰斯不为所动,恼羞成怒的索罗斯放话称:如果一定要在他不允许的情况下离开,罗杰斯就不能带走一分钱。罗杰斯去意已决,当天就离开量子基金。但索罗斯不仅不允许他回公司取走自己的物品,还拒绝兑现罗杰斯应得的合伙人股份以及量子基金多年来的利润提成。在与索罗斯协商无果的情况下,罗杰斯不得不寻求法律手段。律师告诉索罗斯:"如果你拒绝支付我的委托人罗杰斯先生在贵公司的股份和他多年的提成,我们将起诉你。"索罗斯很清楚,一旦他与罗杰斯对簿公堂,所有他们之间的争执及其背后的原因都将在阳光下接受检验,他显然不想把事情闹大了。②后来,索罗斯同意支付罗杰斯应得的财产,但不允许罗杰斯回自己的办公室。直到两年后,罗杰斯才从公司拿回积攒多年的资料和文件。

---

① 吉姆·罗杰斯著,杨青译,《街头智慧》,机械工业出版社 2015 年版,第 54 页。

② 杨青著,《水晶球》,机械工业出版社 2014 年版,第 193 页。

1980年5月，罗杰斯终于拿到属于自己的财产。随后，他清空了量子基金的股份，光辉岁月成为过去。他和索罗斯从此成为两条平行线，在人生的轨迹上，不再有交集。

量子基金成立近十年来，投资组合上涨4200%，而同时期，标准普尔指数只上涨47%[①]。在那个燃烧着光荣与梦想的岁月，量子基金缔造了华尔街的投资神话。

很多人好奇，罗杰斯离开量子基金时究竟获得多少收益，但他不愿透露。他始终谨记一条家训："无论何时，不要跟别人谈论你赚了多少钱。"美国媒体根据量子基金当时的资金量以及罗杰斯所占股份估算，1980年，罗杰斯离开华尔街时，手握至少1400万美元巨额财富。

其实，罗杰斯到底有多少财富，至今仍是个谜。作为个体，他在全球投资，而且没人知道他具体购买了哪些公司的多少股票。因此，他的财富很难统计，他的名字也很少出现在各类财富榜中。这让他更有安全感。从某种角度看，这个土生土长的美国人，有很多特质和中华传统美德极其相似：善于储蓄，勤奋努力，不愿露富。难怪，他后来和中国结了这么大的缘。

[①] 吉姆·罗杰斯著，杨青译，《街头智慧》，机械工业出版社2015年版，第39页。

"我知道在七八十年代,华尔街的很多人都希望积累更多财富。如果我也这么想,如果我为了越来越多的财富而全身心投入的话,我将不会停止工作。所以,财富本身并不是我的主要驱动因素。"谈到当初为什么毅然在 38 岁就从华尔街退休,罗杰斯告诉笔者,"我的确希望变得富有,因为我可以用它买到自由。我是个简单的人,我不需要私人飞机、豪华游艇等,只是希望能自由地在我喜欢的时间,做我喜欢的事,过上自己喜欢的生活。我很年轻就退休了,有部分原因是因为这个。"

事实上,以罗杰斯当年的财富积累,如果继续小幅投资,他下半辈子都不用再工作了。1980 年年底,罗杰斯成立了自己的公司——罗杰斯控股。自己当老板,没有需要汇报的上级,意味着罗杰斯真正过上了自由的生活。直到现在,罗杰斯依然在工作,他每天都在思考、寻找具有投资潜力的价值洼地,等到合适的时机果断出手。只不过,这不是一份工作,而是他毕生最大的乐趣。

单干后,罗杰斯的投资风格更加天马行空。他将注意力转向更多投资领域:抄底奥地利股市、创办"罗杰斯商品指数基金"、大举投资中国……除了投资,他还先后尝试其他社会角色:兼任哥伦比亚商学院教授,讲老本行——证券分析;担任多档电视财经节目主持人;两次环游世界;受邀到各国演讲等。

他离开了那条街，却投身更广阔的世界。

第三节 经典投资案例

别看罗杰斯做了这么多投资，案例无数，其实，总结起来，他的投资生涯只是反复在做同一件事——抄底！也就是以极低的价格投资那些价值被严重低估的股票。只不过，股票的范围，从一家企业，扩大到一个板块、一个国家。《水晶球》中记录了罗杰斯投资生涯的很多案例，其中一些案例被笔者问起时，罗杰斯仍不掩自豪之情。

案例一：投资一家公司：养老企业贝弗利实业

美国贝弗利实业是1963年创办的小型疗养院，由于行业竞争激烈，管理层不断变动，一度濒临破产。在四季疗养院诈骗案引起美国养老行业地震后，很多人对养老企业避之不及，而当时供职于双鹰基金的罗杰斯却毅然投资这家公司，他的思考方式是这样的。

第一，四季疗养院诈骗案的确让美国老年护理行业陷入低谷，但这不正是抄底的好时机吗！20世纪60年代，美国政府对医疗事业进行干预，依仗政府重金支持，疗养院在各地开花，IPO 排成行。不到两年，四季养老院这只被经纪人疯狂推荐的"金股"的股价如火箭般蹿升。1968 年其股价是每股 11 美元，一年后就达到 181 美元。1970 年，该公司被指涉嫌 2 亿美元财务诈骗，被美国证券交易委员会暂停交易。调查发现，这家公司的很多业绩和利润都是"莫须有"，他们联合多名会计师、用复杂的财务手段打造了耀眼的黄金增长率。华尔街多家知名会计师事务所、大型券商合伙人被指与该案有染。很快，该公司股价垂直滑向 6.25 美元，遭遇破产。集万千宠爱于一身的明星企业突然陨落，拖累整个行业景气度瞬间跌至冰点。抄底时机成熟。

第二，只便宜也不行，养老行业未来有巨大发展潜力吗？罗杰斯调查发现，人口老龄化已成为美国日益严重的社会问题。65 岁以上老人约六成需要不同程度的长期护理服务，但市场上的养老院根本不能满足需求。虽然短期看，四季养老院诈骗案对整个行业造成重大损失，但从长计议，养老是刚需行业，潜力非常大。

第三，行业有潜力，不代表每家公司都会成功。为什么偏偏选中这一家？罗杰斯注意到，贝弗利公司的新领军人罗伯特采取了一系列整改措施：剥离与公司主业无关的业务，将发展重点放在长期的养老保健上；买下休闲山庄，作为养老院的补充等。这些举措确实让公司活了过来。罗杰斯经过深入调查研究后认定，罗伯特的领导思路正确，公司一定能走出低谷，迈上新台阶。

果然，这家公司很快步入正轨，迎来高速发展，其连锁疗养院从1971年的47家迅速扩张至1985年的1136家门店，遍及美国45个州。从1976年到1983年，贝弗利实业不断并购，总收入翻了12倍，一举成为行业内的龙头老大。投资这家公司为双鹰基金带来了丰厚收益。

案例二：投资一个板块：国防军工股

1974年，罗杰斯在《纽约时报》上看到一篇评价刚过去的阿以战争的文章，受到启发。1973年10月，埃及、叙利亚为收复失地向以色列发动突然袭击，第四次中东战争开始，最后以埃及收复部分领土告终。这次战争中，埃及大部分武器来自苏联，以色列使用的是美国的最新武器。问题来了，拥有先进战斗机和训练有素的飞行员的以色列，为什么被埃军打得鼻青脸肿？难道美国提供的武器不敌苏联？背后是否蕴藏着某种投资机会？

为解开这个疑团，罗杰斯翻阅大量资料，并走访相关政府官员、军火供应商、军用机械零件制造商。经过大量实地调查，他证实了自己的猜想：苏联拥有比美国更智能的武器装备。战争中，以色列损失的战斗机约七成是被红外制导或雷达制导的空对空导弹击中的，这些战斗机上没有相关侦探装置。问题的根源是，冷战中的苏联快速发展军事力量，而与此同时，美国正处在越战、国内经济衰退和美元贬值的多重困境中，对武器开发投入减少。因此，当时美国整个军工板块严重不景气，华尔街甚至没有一个专门研究国防军工业股票的分析师。一些国防股已从每股160多美元直线跌到每股2美元。又一次抄底机会到来了！

战争结束后，五角大楼以及评论家们一致认为，美国政府在军备和科技方面加大投入势在必行。这意味着，国防军工类股票将迎来大发展。

这个消息让罗杰斯兴奋不已。1974年，索罗斯基金开始重仓国防股。他们以极低价格买入诺斯洛普公司、联合飞机制造公司、杜鲁门航空航天公司的股票，并成为洛克希德公司最大的外部持股人。洛克希德公司曾经战绩显赫：20世纪30年代，该公司投资开发的飞机成为"二战"中英国皇家空军和美国军队使用的哈德逊型轰炸机的原型；1943年公司建立了位于加利福尼亚州的臭鼬工厂，专门为美国空军研发秘密武器，U-2蛟龙夫人高空侦察机、F-117夜鹰隐形战斗机等都是臭鼬工厂的"杰作"。但是，"二战"

后，由于需求减少等原因，该公司的经营一蹶不振。索罗斯基金购买洛克希德公司股票时，每股价格仅2美元。当时，有消息称该公司可能面临破产，但罗杰斯和索罗斯始终相信，这家技术实力强劲的公司一定会挺过去。不过，这会是一场持久战。1982年，洛克希德股价飙升至每股120美元。8年间，量子基金仅在这只股票上的收益就飙升60倍。

在国防股大行情中，罗杰斯不只盯着大公司。他在调查洛克希德公司时发现了不为人知的小公司——E系统。70年代中期，该公司不仅成为全球军用无线电通信设备和卫星通信地面接收站天线的顶级供应商，而且在全球微波通信系统的技术支持与咨询方面也成为领头羊，但这些信息很少有人发现。罗杰斯看好这家公司的发展潜力，以每股0.5美元的价格大量买入该股票。1982年，该公司股价上涨到每股45美元。也就是说，罗杰斯对E系统这家超级黑马小公司的发现和投资，让量子基金的收益上涨90倍。

案例三：投资一个国家：奥地利股市

对公司、板块的投资驾轻就熟后，罗杰斯的野心更大了，他的下一个投资目标是：一个国家。

20世纪80年代，很多欧洲国家都意识到需要有一个主体市场，相继出台刺激股市发展的措施。有一天，罗杰斯在报纸上看到一条关于奥地利鼓励股市发展的信息。奥地利是当时欧洲仅有的两个净资产为正值的国家之一，而当年该国股市已跌到此前23年近六成的水平。罗杰斯当然不会放过这个千载难逢的抄底良机。

他先给奥地利最大银行——奥地利联合信贷银行在美国分支机构的经理打电话，询问如何在奥地利开设个人股票账户。得到的回复竟然是："奥地利没有股市。"罗杰斯挂了电话，哈哈大笑，他立刻坐上飞往奥地利的飞机。"这个市场多年来一直被忽视，以至于这个国家的最大银行都忘了他们还有股市！这是多么好的探险机会！我就要挖到宝了。"

1984年11月，奥地利证券交易所里没有一个人，那里每周只交易几小时，濒临倒闭。罗杰斯好不容易在奥地利联合信贷银行总部找到一个负责股市的人，一位名叫奥拓的负责人告诉他，奥地利股市只有不到30只股票，会员不足20人，而在第一次世界大战前，奥匈帝国交易所有4000名会员，曾是中欧最大的资本市场。罗杰斯请奥拓带他拜访当地负责股票市场的政府官员沃纳。沃纳透露，政府已经意识到必须有一个资本市场，奥地利将修改相关法律并实施鼓励人们投资股市的优惠政策，包括降低股息税，也就是说，如果投资者对股票进行再投资，他们将被免除股息税。政府还将对养老金和保险公司投资股票给予特殊优惠。这都是以前没有过的政策。

虽然听到这些利好让罗杰斯信心大增，但他仍需进一步印证，而非只听政府的一面之词。于是他拜访了奥地利工会的负责人，印证政府对此事的态度。对方认为，政府虽然不喜欢股市，但国家必须发展，改革势在必行。

终于胸有成竹，罗杰斯准备掘金奥地利。他的态度是，如果相信一个国家，就购买其股票交易所中每一只像样的股票。如果判断对了，它们都会上涨。于是，他一口气买下奥地利股市中所有以坚实的资产负债表为基础的公司的股票，包括奥地利联合信贷银行、世界最大的砖瓦生产商维也纳山公司、一家大型机械设备公司、多家建筑企业和几家金融与制造业公司的股票。

几个星期后，在纽约参加《巴伦周刊》年度投资圆桌论坛时，罗杰斯向彼得·林奇等在场的投资大腕们表达了强烈看多奥地利股市的观点："这是一块处女地，从未有人投资过奥地利市场。奥地利政府不仅鼓励投资股市，还出台政策鼓励个人置业，未来三四年奥地利股市将是最令人兴奋的市场之一，美国投资者将成群结队拥向那里，股市可能上涨2倍、3倍甚至4倍！"他还透露，自己已经买入维也纳山公司的股票。

1985年1月21日，周六，《巴伦周刊》刊登了对罗杰斯等四位著名投资家的访谈。嗅觉敏锐的基金经理立刻拥入奥地利市场，股价被迅速推高。

"周一早上，奥地利联合信贷银行负责股票账户的家伙迟到了。等他到办公室后，发现办公桌上堆满了电话便条。"罗杰斯兴奋地向笔者描述，来自伦敦、慕尼黑、纽约的电话蜂拥而至。突然间，全世界的人都找那个人买奥地利股票。1985年，奥地利股市上涨125%。奥地利联合信贷银行股票指数飙升145%。1986年，全球多个股市均创历史新高，罗杰斯预感市场将出现暴跌。3年内获得5倍收益后，1987年，罗杰斯清仓了所有奥地利股票。

罗杰斯狩猎奥地利市场让他一举成为"奥地利股市之父"，这件事至今仍被西方媒体津津乐道。笔者在新加坡采访期间，一名英国记者就兴致勃勃地请罗杰斯再次回顾那个传奇。"有人说，就是因为我亲吻了睡美人，才让维也纳股市苏醒的。"罗杰斯美滋滋地对笔者回忆道，"我个人力量薄弱，并不能推动市场。我只是讲出实情。一旦你对市场变化判断正确，那么所有人都会拥入。市场必然会发生你预期的变化。"

案例四：不理"新经济"，创建大宗商品指数

20世纪90年代，互联网备受推崇，"新经济"".com""水泥+鼠标"等热门词汇铺天盖地袭来，热潮同样反映在股市上。科技板块尤其是互联网公司的股票成为新宠。思科、北电等公司的股价奇迹般地持续上涨，微软股价则从未跌过，一片繁荣景象。很多人倾其所有，狂热投资互联网板块，憧憬着它美好的未来。

不过，罗杰斯认为，科技市场的繁荣只是表象，华尔街捧出一些天价市值公司的同时，却不要求它们创造与之相符的利润，这是拿钱买幻景的疯狂行为。与此同时，他嗅到熊市到来的味道。1983年，道琼斯指数上涨到1200点，涨幅超过50%，此后一路上扬，1999年达到11000点，涨幅达10倍。纳斯达克指数1991年4月为500点，1998年7月跨越2000点，2000年3月突破4000点。十几年的大牛市不会永远继续。1998年，罗杰斯就注意到，很多股票开始下跌。他告诉自己，绝对不能跟着众人一起参与这场危险的游戏。他要走出科技板块，寻找真正有价值的投资产品。没过多久，他就发掘到一个宝藏——大宗商品。

通过研究《CRB商品年鉴》和商品市场的多年走势，罗杰斯惊喜地发现，与科技类股票被高估相反，大宗商品

的价格被严重低估。纵观历史，股票与商品的价格走势呈负相关。每隔25~30年就会出现原材料牛市。在20世纪可以看到3个商品大牛市（1906—1923年、1933—1953年、1968—1982年），平均每个牛市持续了17年多一点。① 他预测，商品市场新一轮繁荣将从1999年开始。

罗杰斯的调研结果显示，上一个商品牛市中，十多年过量供应引发能源、谷物、金属等大宗商品价格屡创新低。即使算上通货膨胀等因素，这些商品的价格还是比20世纪30年代大萧条时期的价格低得多。1997年和1998年，亚洲金融危机导致这些地区的商品存货以跳楼价清仓。世界最大经纪公司美林证券20世纪70年代从商品投资交易中获得巨额利润，而90年代末却宣布即将退出商品投资领域。如果美林证券那些聪明人都认为没有哪个美国投资者会想要买入商品的话，正是开始买入商品的时候——肯定廉价。

不过，罗杰斯当时正在筹划从1999年开始为期3年的环球旅行。显然，在驾车穿越非洲大陆、西伯利亚和中国时，时刻关注涨涨跌跌的商品市场是不可能的。因此，他决定创建一个商品指数基金。多年经验告诉他，最有

---

① 吉姆·罗杰斯著，蒲定东译，《热门商品投资》，中信出版社2010年版，第5页。

效、最有利可图的投资途径是"指数基金",诸如标准普尔500等指数基金以一揽子股票为基础,来保证达到市场平均水平。也就是说,不需要一笔笔股票交易手续费,没有大数额管理佣金,也不需要你去决策,你的成功依赖于市场的平均水平,这比依赖一个天才投资经理要好得多。有充分证据显示,指数基金的平均上涨水平要胜过大多数普通基金。

当时美国有几只商品指数,罗杰斯着手购买一只可能获得授权的指数。他很快发现,CRB期货指数、高盛商品指数等都存在严重的缺陷。他断定,原来想找的那种均衡的、稳定的国际商品指数并不存在,必须建立自己的指数和基金。1998年8月1日,基于罗杰斯国际商品指数(RICI)的罗杰斯原材料指数基金开张。该指数以帮助全球经济运转的一揽子36种商品为基础,对这些原材料价格走势进行有效度量,这些度量并不局限在美国,而是围绕全世界。指数中商品选择及权重分配每年评审一次。迄今为止,这个指数的变化是最小的。

1999年1月1日,罗杰斯开始环球旅行,行程24万多公里,驾车穿越116个国家。在2000年1月1日的千禧年钟声中,他跟旅伴佩姬·派克在英国举行了婚礼。与此同时,高科技概念股由大晴转向大阴。2000年4月,纳斯达克指数突然掉头下坠，互联网泡沫破灭，8.5万亿美元市值瞬间蒸发。雅虎市值从937亿美元垂直跌到97亿美元，亚马逊则从228亿美元跌至42亿美元。2001年，罗杰斯夫妇结束环球旅行时，美国刚经历"9·11"恐怖袭击，罗杰斯商品指数上涨80%。

接下来的几年中，伴随金融危机后的经济复苏，美国及亚洲对能源和工业金属类商品的需求进一步增长。罗杰斯商品指数迅速攀升。到2004年10月，该指数上涨190%。而同期，雷曼长期国债指数上涨56%，标准普尔500指数下降0.542%，先锋500指数基金和富达麦哲伦基金都是负增长。截至2008年12月31日，该指数创建的第10年，上涨159.37%。截至2012年8月，该指数的收益是281%，同期标准普尔的总收益是62%。[①] 实践证明，十多年来，全球范围内商品价格的涨幅远胜股票、债券和房地产市场。

正是这些不胜枚举的经典案例，造就了罗杰斯的投资神话，使他成为被国际投资界膜拜的一代宗师。

如果说奥地利股市让罗杰斯看到3年后的暴涨，大宗

---

① 吉姆·罗杰斯著，杨青译，《街头智慧》，机械工业出版社2015年版，第80页。

商品让他预见 10 年后的繁荣，那么，中国市场则让他笃定将持续一个世纪的辉煌。在两次环球旅行中，中国，这只他有生以来遇到的持续时间最长、收益率最高的"超级潜力股"，宿命般地与他邂逅。接下来笔者与罗杰斯详细探讨的，就是他迄今最经典、最大胆、超越以往所有格局的案例——投资中国。

第三章

三次穿越,见证中国十年巨变

和美国媒体描述的不一样,20世纪80年代,我看到的中国人不是谋财害命的亡命之徒。事实刚好相反,他们非常淳朴,比很多国家的人都勤奋。中国人需要的是温饱和事业上的成功,就像世界其他地方的人一样。中国人非常有组织性,知道自己在做什么,而且好奇心很强。他们是希望能创造些什么东西的一群人。如果有机会,他们是可以成功的。

——吉姆·罗杰斯

第三章 | 三次穿越，见证中国十年巨变

7天采访的第二天，早上6点，我按照约定，来到罗杰斯家，骑车和他一起送女儿上学。回到家，他开始了每天雷打不动的健身日程。

罗杰斯整个锻炼过程从早上8点一直持续到11点。一般人过了70岁，很难保持如此高强度的运动量。我问他为什么能做到？他云淡风轻地飘来一句话："因为我不是一般人。"的确，骑着摩托车环游世界，创下吉尼斯世界纪录，地球人也没几个能做到了。

正是因为环游世界的梦想，他才遇到了中国。罗杰斯对中国的认知和转变正是来自三次穿越中国之旅。1988年，他骑摩托车从上海出发，横穿中国，到达巴基斯坦；1990年，这位"投资骑士"在环游世界的旅行中来到中国，从哈萨克斯坦方向进入中国境内，一路骑至天津；1999年，他驾驶奔驰定制轿车第二次玩转全球期间，第三次踏上中国土地，再次穿越。

第一节　原来，中国人不是暴徒

罗杰斯先是躺在院里的水泥台上举杠铃，刚开始举时，有点吃力，咬牙咧嘴，过一会儿动作和呼吸就很有规律了。几分钟后，他进行下一项、也是耗时最长的科目——原地蹬车。开蹬前，他先做两项准备工作，把自行车运动器上架着的笔记本电脑打开，然后戴上一副负重手套。仔细一看，手套上有几根铅条。我试着掂掂手套的重量，结果，单手竟拿不动。精力、体力超强的罗杰斯，一边蹬车，一边在电脑上处理事务，一边喘着粗气回答我的问题——"30多年前您第一次到中国，是什么契机？您看到了什么？"

"我第一次到中国是1984年，那时我并没有打算发现下一个世界奇迹。去之前，我听说中国很邪恶。美国媒体说，中国人会掠夺人们的财产，会割开喉咙把我吃掉。"罗杰斯用手做了一个抹脖子的动作，"所以，80年代，当我打算骑摩托车穿越中国时，很多美国人认为这是愚蠢和危险的，觉得我有点精神不正常。封闭的中国怎么会让一个来自资本主义国家的美国人，独自骑着摩托车穿越红色土地？我其实也挺害怕，一时没有想清楚是怎么回事。"

罗杰斯第一次听说"中国"这个词是8岁,跟他一起玩挖洞游戏的表哥说:"只要我们一直挖下去,就会挖到中国去。"那时他对中国一点概念也没有。而后,他再次听到中国的情境是,如果他不好好吃饭,妈妈会说:"不要浪费粮食,中国还有很多孩子吃不上饭。""实际上,在四五十年代,美国大部分父母都会那样说,那时中国发生了内战,确实比较贫穷。这是他们教育孩子的一种方式。"罗杰斯向笔者解释道。

罗杰斯成年后,关于中国的新闻开始逐渐登上美国媒体。1972年尼克松第一次访华的新闻,在美国的收视率很高。"不过,70年代的美国媒体把中国人形容为亡命之徒,说中国贫穷、落后,经常发生血腥事件,而且有政治野心,希望在全球范围内实现共产主义。他们把中国人描述成很邪恶、很野蛮,没有文化的暴徒。在他们眼中,中国是那种谋财害命的地方。"罗杰斯说,"根据当时美国媒体的报道,我已经有了心理准备,也许我到中国后不可能活着回来。结果,我不但平安回来了,而且先后成功穿越中国三次!"

20世纪80年代从量子基金退出后,罗杰斯心中深藏已久的探险种子开始萌发新芽。"虽然我非常热爱投资,但我不想75岁时,早上醒来还在看股市图表。人生只有一次,当我死去后,我不希望人们说,吉姆·罗杰斯是华尔街伟大的投资家,仅此而已。"罗杰斯坦言,从华尔街退休时,他赚的钱足以让他坐在曼哈顿的别墅里悠闲地数着股利。但一直以来,他都更倾向于观察和感知真实的世界,而不是坐在会议室里看图表。"我想出去走走,看看这个世界发生了什么。我一直渴望冒险,想过不一样的人生。这需要一个分水岭。一次 65000 英里的全球旅行应当可以当作一个分水岭了。我当时未婚,也无儿无女,不需要承担家庭责任,何乐而不为呢?"

于是,40多岁的罗杰斯开始兴奋地着手准备环游世界,不是靠飞机、汽车实现,而是骑摩托车。因为摩托车能融入自然之中,成为它的一部分。罗杰斯具备足够的财力和体力做这件事。别忘了,在牛津上学时,他的赛艇队曾创造过吉尼斯纪录。在华尔街,繁忙的工作之余,骑摩托车兜风是他最大的乐趣。

不过,在那个年代,环球旅行非常困难,全球正进行着二三十场战争。但罗杰斯丝毫没有退缩,他认为,如果决定环游世界,就要坚持自己的一贯风格:要么不做,要么畅快淋漓。"不去苏联和中国,一样可以骑行世界。但在我心中,那就不算是真的环游世界。虽然根据美国媒体的描述,我对中国也有些害怕,但冒险的念头占了上风。于是，我决定向中国政府递交申请。"罗杰斯向很多旅游爱好者打听应该找中国哪个部门申请骑行，但大家都不清楚，因为当时还没人这样做过。这也意味着，如果申请成功，罗杰斯将成为世界上第一个驾驶摩托车穿越中国的西方人。想到这儿，他莫名兴奋。

1984年，罗杰斯坐飞机来到中国，决定一探究竟。那时中美之间没有直航，要到东京转机。他在东京机场过了一夜，然后从东京飞到上海。他走访了上海、北京、成都等几座大城市的政府部门，询问能否骑摩托车穿越中国，没人给他确切的答案。虽然申请尝试没有取得实质性进展，但罗杰斯终于第一次走上中国的土地。他告诉笔者："当时的中国还处于混沌状态，没什么像样的公路、餐厅，更不要说酒店了。不过，我接触的那些中国官员都是受过教育、非常聪明的，并不是危险、疯狂的人。我能感觉到他们有野心，希望做一番大事业。他们当时对我说，骑摩托车穿越中国挑战很大，基本不可能。主要是因为，中国没什么基础设施；他们并没有考虑政治上的争议，也不太在意我是来自美国还是共产主义国家。只是从技术上说，觉得不太可能实现。"

1986年，罗杰斯再次来到中国与官方接洽。功夫不负有心人，这次，他拿到了骑行穿越福建的许可证。他非常兴奋，准备妥当后，和当时的女朋友来到福州。"福建政府坚持要租给我一辆 250CC 排量的本田小摩托车。这个排量对我来说太小了，但在当时的中国已经是最大的。于是，我们就骑着它在福建省到处走。"罗杰斯说，那时的中国没什么路牌，从福州到厦门只有一条路，所以基本上不用考虑走哪条路。其他事宜则由一名男翻译帮忙。"当时中国没有酒店，只有招待所。招待所的每个房间都有一个热水瓶。那时很少看到饭馆，所以我们总是去同一家餐厅吃饭。当然，更没什么加油站，只要看到一个加油站，我们就赶紧加满汽油。"

罗杰斯眼中的福建省不是很大，大概与美国路易斯安那州面积相当。但当时福建省有 2600 万居民，是路易斯安那州的 7 倍。"每到一个地方，我们都会被很多人围观。因为我们是白人。福建人那时可能没见过外国人或白人。当他们发现我们是美国人而且驾着摩托车时，就很兴奋。"罗杰斯说，"我们去了一些村庄。我发现，当地人都很勤劳。他们很早就起来到田地做工，勤奋地工作一天，希望自己的生活得到基本的满足。"

结束这次行程后，罗杰斯认定，美国媒体上那些关于中国的言论都是错误的。"中国人不是谋财害命的亡命之徒。事实刚好相反，他们非常纯朴，比很多国家的人都勤奋。中国人需要的是温饱和事业上的成功，就像世界其他地方的人一样。中国人非常有组织性，知道自己在做什么，而且好奇心很强。他们是希望能创造些什么东西的一群人。如果有机会，他们是可以成功的。"罗杰斯渴望去中国更多地方看看，深入了解这个神秘的国度。

第二节　第一次穿越中国：市场经济的脉搏

1987年，罗杰斯终于盼到了好消息：中国官方许可他骑摩托车横穿中国。这在当时的美国可是个大新闻，此前从未有美国人以这样的方式接触中国。美国公共广播公司（PBS）听说此事后，表示希望随罗杰斯同行，并把整个行程拍成纪录片。罗杰斯同意了，但他需要再等一年，让PBS准备好所有手续。

1988年8月，罗杰斯从上海出发，驾着自己空运来的1000cc排量的宝马摩托车，开始第一次真正意义上的横穿中国。除了美国PBS，还有澳洲、英国的几家媒体跟随罗杰斯一起拍摄。

"虽然我已经到过福建，大概有一些经验，但我并不知道这次探险等待我的是什么。毕竟，中国还是一个落后、贫穷的国家。中国经历了百年衰退。现在，邓小平说，上一个旧的经济体系（计划经济）对中国没有帮助，他开始大力推进改革开放，实行新的、对中国有用的经济方式，这让我很好奇，那会是什么样。"

为现身说法，蹬了近40分钟原地自行车的罗杰斯终于停下来，带我走进别墅。他指着挂在客厅墙上的镶在相框里的3个车牌说："这是我在中国旅行时，中国政府发放给我的车牌。"然后他走向二楼。原来，在一楼和二楼之间的楼梯平台上，专门设了一个展示柜，上面摆放着他和同伴几次穿越中国的驾驶证、照片、批准文件等重要"纪念品"。一个相框中，年轻版罗杰斯坐在摩托车上冲镜头微笑，背景中的中国西北是灰黄色的，透着一股苍凉。一辆黄色奔驰车模型很抢眼，它的原型正是罗杰斯夫妇1999年环游世界的坐骑。另一个相框中是吉尼斯世界记录证书。

他从展示柜上挑出一个驾照大小的文件递给我。那是1988年穿越中国前，中国政府给他颁发的批准文件，发证机构为"上海市体育运动委员会"。罗杰斯解释说，外国游客到中国，通常是乘坐飞机到达，去长城、西安等景点参观，但他不是普通游客，他驾驶的是远地摩托车，中国当时没有专门的游客服务部门，就把他要做的事归到运动范畴。他从前苏联拿到的穿越许可证也是由体育部门签发的。

接着,罗杰斯把我带到书房,从抽屉里找到一盒 DVD,上面写着:The Long Ride(中文译为《征程》),正是 1988 年 PBS 制作的那部纪录片。罗杰斯让我通过纪录片了解他第一次穿越中国的情形。他帮我打开客厅里的 DVD 播放机,然后到院子里继续锻炼。

"8000 公里,耗时 36 天,从上海到巴基斯坦,这绝对会是一次完美的探险。"罗杰斯在纪录片中说。那时的他比现在清瘦不少,40 出头,正当年。

罗杰斯先来到上海一个公园里的"简易露天舞厅",一名中国男青年礼貌地邀请他一起跳舞。他对此发了一段感慨:"我认为人们应该有个人经济与社交的自由。中国在很长时间内对这种观念持反对态度,但这种情况正在改变。"不过,因为实在不习惯和同性跳舞,罗杰斯婉拒了邀请。

作为投资家,罗杰斯无论到哪都会关注投资机会。他理所当然地来到上海证券交易所。准确地说,那是上交所的前身,两年后,上交所才正式开业。这个地方是他与一位政府官员聊天时发现的。它隐藏在一个低矮老旧的房子中,只有几十平方米,既没有股票行情接收器,也没有经纪商,只有很少几只股票在交易。纪录片详细记录了罗杰斯第一次购买中国股票的过程。他走到唯一的柜台前,对工作人员用英语说:"不好意思,我想买一些股票,怎么买？翻译呢？请把它写下来。"那名女办事员看起来很紧张，不知如何应对老外。在等待翻译的空档，罗杰斯对着镜头说："在未来的某一天，我也许将在中国投资一大笔钱，所以现在了解中国市场怎么操作很有必要。"等翻译交代清楚了，他清点好手中的外汇券，递给办事员，但等了半天也没拿到股票交易单。罗杰斯有点着急："麻烦您快点，股价在我等待的时候可能已经上涨了。"交易员好像去做请示了，一阵噼里啪啦的算盘声响过后，一张印在纸上的股票交易单终于递到他手里，那是一家银行的股票。他对办事员说："噢，已经好了，我只要查看一下信息是否正确。没问题，你的服务很好，谢谢，再见。"对于罗杰斯这样的铁杆投资者而言，持有中国自由市场的股票，让他异常兴奋。这张股票交易单被他珍藏至今。

接着，罗杰斯向南京方向前进。"我没法告诉你们，我到底有多期待骑行通过南京大桥，这是完全的中国制造。50年代，苏联开始着手这座桥的建造工程，可是60年代，苏联与中方发生矛盾，苏联专家带着建桥方案回国。中方在没有后备方案、没有经验的情况下，聚集了各方帮助，耗时8年，终于完成了大桥的建造。"他在纪录片中充当解说员，显然提前做了不少功课。

在无锡，罗杰斯第一次看到"胸口碎大石"等硬气功表演。他有感而发："中国人以后也有可能出国旅游，到时这些气功大师将会受到邀请，到国外进行教学和表演。"

清晨6点的漳州，除了打太极拳的老人，女人们也来到广场跳舞了。罗杰斯注意到，即便不跳舞，她们也开始注重自己的仪表仪态。那种蓝色工装服几近消失，时髦女性会穿上由本地生产的外国款式衣服，一些女孩还化了妆。

几天后，罗杰斯来到北京一所大学，和学生们聊天。

问：你们毕业之后，会出去找工作吗？会找什么样的工作？

答：政府会给我们分配工作。

问：你们能自如地换工作吗？

答：换工作非常困难。不过现在社会在改变，起码允许自己换工作了。

一位女教师用英文对罗杰斯说："我16岁时，只能在教室里看书，从来没有机会见外国人，但现在，学生们能学习英语，跟外国人聊天，听英文电台。我认为，现在的学生比我们那时有更多机会。"

"出了首都，事情就不一样了。生活像持续百年般地一成不变。"罗杰斯往西安方向前进，踏上马可·波罗走过的古代丝绸之路，路况随之改变。罗杰斯感慨，就公共系统而言，一个经济强国的表现，就是拥有良好的高速公路系统。但当时，中国的很多路都是泥泞的。

"中国永远不会空闲，每隔一百米总会有一些事情发生。"罗杰斯来到一个西瓜摊，想当"吃瓜群众"，并顺便了解西瓜的价格。不过，热情的瓜农看到这个老外很兴奋，争先恐后地把瓜送给他吃，不肯收钱。在投资家眼中，关于西瓜的生意，正是中国正在发生的事情的重要体现。"中国决定转向市场经济。这意味着，当市场有需求时，西瓜的价格就上涨，更多瓜农开始种瓜；当西瓜价格到达高点时，市场需求减少，接下来的两年里，西瓜价格又会下降。"罗杰斯对着镜头说，"现在，还没有人跟瓜农解释市场供求理论。我恨不得买入西瓜期货。"

罗杰斯还发现路边有很多台球桌，打台球成了一项新兴运动。"在中国，每家都有很多小桌子，聪明的人把它们拼到一起，放在街边，那样晚上也能玩台球了。"不过，和买西瓜一样，他再次被围观，打台球的愿望也落空了。"当我尝试着别踩到太多人的脚趾时，突然意识到，中国的很多体育运动并不需要占用很大空间。在空间有限的情况下，乒乓球和排球就明显比棒球或曲棍球好得多。"

在敦煌，他找到了一个自由市集，里面有一家餐馆。他终于可以大快朵颐了。饱餐后，他了解到，这家餐馆的老板原来在农村干农活儿，后来经营一个不起眼的早点铺，向其他农民售卖早餐，慢慢地将早点铺扩张为一个餐馆和能提供住宿的旅馆，现在有 20 名员工。他对餐馆老板季先生很有兴趣，并对其进行了采访。

问：你要给国家多少钱才能开这个餐馆？

答：每个月 1650 元，一年交给国家净利润 2 万元。

问：所以剩下的利润就是你自己的？

答：除了上交的利润，就是职工工资、发展再生产、搞经营，都是我的权利。

问：你的员工都是哪里找来的？

答：大部分都是农村的，厨师要有烹调技术，其他服务员就不用了。

问：我以为中国人都加入了工会，你的意思是也有自由的劳工市场吗？

答：对。

问：你的餐馆营业时间是什么时候？

答：早上六点半到晚上十一点半，两班职工倒班。

问：我之前见过一些为国家工作的人，不会这么辛苦。

答：国营的不用上班这么久，我们干得久，就可以多拿一点奖金。

问：你 43 岁了，你弟弟 38 岁，你们俩打算何时退休？

答：还早呢。

在新疆，罗杰斯的摩托车发生了故障。在等待新轴承时，他在吐鲁番转了转。那里的人们更放松。"我看着男人们玩着狂野的马球，我知道他们回家之后会对着电视，幻想拥有一台冰箱或是收音机。而这些美丽的女人，也有一天会热情地接待到来的游客。中国永远地改变了，政府已经打开了大门，展示了美好的东西，现在人们也在为之奋斗。"

当然，此行不都是美好的憧憬，罗杰斯也有一些吐槽和担忧。

"在旅行途中，我被交通警察拦下的次数比那些在马路上横冲直撞的人还要多。原因是，我没有戴头盔。虽然在炎热的夏天，戴头盔让人难以忍受，但在这个第一代司机的国度，为了安全，我必须小心谨慎地驾车。"

"第一次看到外国人使用外汇券时，我觉得很荒谬，任何的人为干预对市场来说都不是好事情。"

"兰州毗邻黄河，曾是要塞城市、巨大的铁路枢纽，现在成为中国西北地区的工业重地，那里有许多化工厂、重工业工厂，污染被排进黄河和空气中。"

随着漫长的旅途接近尾声，罗杰斯有些伤感。"我再也不会看见这样的中国了。中国每一年、每个月、每一天都在改变。这次旅程是我人生中最辛苦、最难忘的经历之一。

回到纽约之后我会非常失望。无论我在纽约经历什么，跟这次旅行相比都会无比乏味。我想就这样一直骑行下去。"纪录片中，独行侠的背影逐渐淡出。

笔者看完纪录片，罗杰斯也结束了锻炼，谈及那次中国之行，他再次感慨："我在中国度过了美好的时光。我认为，美国媒体对中国的报道严重失实。那些记者缺乏在历史、经济和地理方面的体验，他们只能肤浅地描述表面现象，不能洞察中国正在发生什么。我从来没有见过这么勤奋的一群人，如此积极地希望自己的生活得到改善。中国的变化让我惊叹。"

第三节　第二次穿越中国：智慧的养蜂人

华尔街的投资家各有独特风格。一度成为"世界首富"的巴菲特坦言自己不喜欢不熟悉的环境，甚至很少离开老家奥马哈，他在那里运筹帷幄，实现了财富梦想。而罗杰斯恰好相反，他渴望冒险，热衷于用眼睛和双脚感知这个世界的真实面目。1990年，他终于实现了很多人的终极梦想——环游世界。在这场酣畅淋漓的旅行中，他第二次穿越中国。

1990年3月，罗杰斯和女朋友塔碧莎从冰岛出发，开始了摩托车环球之旅。他们一路从欧洲前往中亚，往东穿越中国，在日本短暂停留后，向西横跨西伯利亚西部，抵达俄罗斯在欧洲的版图，经过波兰后，回到冰岛。然后向南纵贯西欧，抵达非洲北部，从那里直下非洲大陆中心，在南非将摩托车海运至澳大利亚。到了新西兰又将摩托车海运到阿根廷，接下来的旅程从南美、中美到墨西哥，然后穿越美国回到纽约。短暂停留后，他们又从纽约出发，横跨美国和加拿大的安克雷奇、阿拉斯加，最终在北加利福尼亚州结束了环球旅行。总共用时22个月，横跨6大洲，50多个国家，跨越10万英里。此次骑行被载入《吉尼斯世界纪录》。在罗杰斯家的那个展示柜上，一张大海报非常显眼，上面用英文写着：吉尼斯世界纪录获得者。

虽然这次旅程没有拍摄完整的纪录片，但罗杰斯将其写成《投资骑士》《旅行，人生最有价值的投资》等书，并一举成为畅销书。在他所著的其他书籍如《街头智慧》中，也经常提到那段旅程。因为时间久远，罗杰斯已记不清那次环游世界和横穿中国的很多细节，让我参考他的书。

书中，他首先解释为什么要自讨苦吃地穿越边境。"没有比穿越偏远边境更能让我了解一个国家的底细了。当你穿越边境时，你最先发现是否要去行贿。所有的事情都光明正大、简单直接吗？本来 10 分钟可以办好的事，非要花一整天过关吗？当你穿过边境时，你对这个国家也因此了解很多。"

从哈萨克斯坦的阿拉木图进入中国边境后，罗杰斯发现四周都是人，比想象的要多，这也许是中国政府鼓励人口向西部迁移的结果。在伊宁，他们入住的豪华宾馆刚刚建成，看起来从跨境交通中获益不少。

罗杰斯需要中国货币。因此开始在吐鲁番寻找兑换货币的黑市。在他看来，货币价格对于谨慎投资者的意义，相当于 X 射线对于经验丰富的放射线专家。哪里有外汇控制，哪里就有外汇黑市，中国也一样。外汇黑市是一种能快捷地洞察一个国家的手段。它会告诉你一个国家是否控制货币兑换、征收进口关税或者限制出口。他举例称，如果黑市的汇率是 5.5 个波兰兹罗提兑换 1 美元，而国有银行是 5 个波兰兹罗提兑换 1 美元，情况可能没那么糟。但是如果 1 美元在黑市能兑换 10~15 个兹罗提，那么这个国家可能已陷入严重的麻烦，随之而来的可能是政府崩溃或恶性通货膨胀。

"我想兑换一些美元。"罗杰斯对一个大约 16 岁的伙计说。不过，小伙子刚刚从事这行，最多只能兑换 10 美元，就带着罗杰斯去见老板。老板的报价是 1 美元换 5 元人民币。罗杰斯没答应，因为之前听说能换到8元人民币。两年前，官方汇率是1美元换4元人民币时，罗杰斯换到6元，溢价达50%。而这次，几经还价后，他只获得35%的溢价。

当时，中国正忙于修建一条从乌鲁木齐以南延伸到巴基斯坦的公路，另外一条路是从乌鲁木齐到苏联。许多维吾尔族人要么修建公路，要么维护公路。修建新路让他们在城市中有稳定的工作，放牧的人越来越少。敏感的罗杰斯马上捕捉到一个投资商机：这一地区的山羊将减少，纽约的开士米毛线会变得无比之贵。罗杰斯还预测，未来30年，新疆大多数帐篷都会消失，剩下的帐篷，每参观一次都要给其拥有者40美元参观费。游客想体验真实的放牧经历也需要付费。

令罗杰斯高兴的是，敦煌到乌鲁木齐的高速公路已经开通。古老的丝绸之路，昔日只适合骆驼穿行，如今已经被适合长距离运输的卡车和火车所代替。上次路过敦煌时，罗杰斯曾在季先生的餐厅受到热情接待，他希望再次拜访，想知道这几年中国的经济发展对季先生有什么影响。这次，季先生的旅馆和餐馆都扩大了规模。季先生很容易就认出了罗杰斯，毕竟当时他和塔碧莎是唯一到过那里的外国人。季先生坚持设宴款待他们，除了鸡肉、羊肉、冷面，身处沙漠中央，还有当地打捞的鱼，这让罗杰斯再次钦佩中国人的智慧。季先生说,大约一年前经济出现滑坡,但现在正在复苏。他每周工作 7 天,每天工作 12 小时,但他没觉得累,经营自己的生意是件幸福的事。

  国营加油站之间总是相距几百英里。罗杰斯紧盯着摩托车的里程表,时刻计算着什么时候该加油了。有一次,油箱快空了,而他们还远离城镇。七拐八拐地,他们竟来到一个四面环墙的军事哨所。罗杰斯使用手语,指着空油箱,试图说服警卫护送他们去军事基地的加油点。但那个警卫无权卖油,他们只好去找基地的司令官。在司令官简陋的办公室里,罗杰斯使出浑身解数,出示护照、地图、通行文件,用尽各种会说的语言,向对方解释汽油用完了。司令官仍然对两个骑着摩托车的西方人出现在中国的军事基地感到匪夷所思。最后,罗杰斯对他说:"要么以间谍罪逮捕我们,要么卖给我们点汽油"。司令官笑了笑,指挥其手下给罗杰斯的车加油,并嘱咐不得收钱。

  从兰州到平凉,一路景色壮观。罗杰斯和女伴爬上一座山脊,沿顶端前进。山脊上种满茂密的树木用来阻挡风沙。不知不觉,他们看见几个养蜂人和蜂箱,接着,是大片大片的蜂箱和众多养蜂人。为了不被蜜蜂蜇伤,他们压低头盔,戴上手套,全副武装。无数只蜜蜂飞在空中,耳边全是嗡嗡声,这一壮观景象绵延近 15 英里。一打听才知道，原来，这些养蜂人四处游走，每人有 5~50 个蜂箱。不管养蜂人把蜂后带到哪里，工蜂都能紧随其后。从夏到秋，养蜂人根据花期，在一个地方待上几天，等蜜蜂采完花蜜后，再移到另一个地方。养蜂人全家就在路边搭上帐篷，他们大都不穿任何防护衣物，与蜜蜂和谐地生活在一起。

罗杰斯被聪明的养蜂人震撼了。"这是中国人生产力超强的又一例证。哪里有盛开的花朵，他们就把蜜蜂带到哪里，而不是让它们待在一个地方。由于蜜蜂的主人将采蜜期从几个星期延长到半年，这些蜜蜂和中国人一样勤劳，它们的工作时间是其国外同类的 6~7 倍。我们在中国还看到了许多其他的奇事，但没有一件比得上这绵延数英里的蜜蜂和养蜂人。就是这种生产率、智慧和勤奋，让我们相信，在 21 世纪，中国人会强于其他任何民族。"①

到了西安，他们住进最好的酒店——金花酒店，还看到了酒店经理，一个 42 岁的英国人。他管理着 500 名中国员工，大多是十八九岁的女孩。她们专门接待到西安参观兵马俑的外宾。酒店有自己的礼仪学校，教这些女孩如何着装、化妆以及服务。对她们而言，这份工作就像当空姐

---

① 吉姆·罗杰斯著，张俊生译，《旅行，人生最有价值的投资》，中信出版社 2011 年版，第 63 页。

一样荣耀。西安的旅游业极为兴旺,不少教授辞去工作到酒店任职。追求富裕生活的诱惑改变了人们的方向。

在向北京驶去的路上,他们惊喜地发现,一个路标上用英文写着:"北京,49公里"。这几个字,是国际化的体现。沿着四车道的柏油路开往中国的心脏,他们回到了另一个世界。

这次旅程,中国发生的变化令罗杰斯惊叹。"与世界其他地方的成功企业家一样,中国的企业家正全力以赴地经营企业。20年后,他们将跻身世界上最优秀的企业家行列。"不仅如此,中国的货币政策和财政政策都已放松,经济正在重新崛起。

第四节 第三次穿越中国:惊艳东方明珠

罗杰斯津津有味地吃着笔者从北京带来的礼物——稻香村绿豆糕。在新加坡,解暑的绿豆糕也许全年都适用。"很好吃!80年代我第一次来中国时,没有这种糕点,也没有糖果、冰淇淋。我学到的第一句中文就是:'没有。'不管问什么都是'没有'。而现在,中国什么都有。"

谈到1999年第二次环球之旅及第三次穿行中国,罗杰斯说,那次,自己不再当"骑士"了,将交通工具改成定制的奔驰跑车。"我已经骑摩托车旅行过了，我觉得下次应该换一种方式。"那次的旅伴也换了，是他当时的未婚妻、现在的妻子佩姬。其间，他们在英国举行了婚礼。

罗杰斯再次带我走到展示柜前，取下那年他们穿越中国时使用的驾驶证，上面贴着两人的大头照。"从中国大使馆和中国旅游部门那里，我兴奋地得知，我这个来自美国南方的乡巴佬，是三次驾车穿越中国的第一人。不是第一个这样做的外国人，而是有史以来的第一人。"罗杰斯自豪地对我说。

那次环球旅行同样被他写进《风险投资家环球游记》等书中。罗杰斯在书中写道，1999年4月1日，他和佩姬经哈萨克斯坦边境进入中国，穿越戈壁滩向东一直行驶，先后在伊宁、乌鲁木齐、哈密、兰州和西安歇脚。罗杰斯发现，与1990年相比，中国的变化更大了：高速公路、豪华酒店、摩天大楼多了起来。罗杰斯看到筑路工人开着照明灯加夜班，劳动的女性和男性几乎一样多。除了老人静静地坐在茶馆里品茶，身边放着鸟笼子之外，他几乎没看到有人闲坐着聊天。"中国人是不休息的。"

乌鲁木齐是他们进入中国的第二站。按照惯例，罗杰斯又到街上寻找黑市，希望借此了解中国正处于改革的哪个阶段。和几个贩子谈崩后，罗杰斯找到一个头目，但仍然没有拿到更好的汇率。于是罗杰斯决定去银行换钱。钱贩子一直跟着他走进银行,公然站在出纳员窗口前,央求罗杰斯跟他换。罗杰斯当时想,中国的经济形势还是不错的,否则,黑市上的差价会高得多,倒汇的人也会更加小心。80年代末,中国黑市上美元的汇率比政府公定的高出50%,当时中国正经历严重的通货膨胀。几年后,这个数字降到25%。到1999年只剩10%。罗杰斯认为,这些变化是中国经济成长的明证。

在距西安70公里的地方,他们路过一个位于高速公路旁的恢宏的基督教堂,上面耸立着巨大的十字架。在西安郊外的这个村庄,村民几乎都是基督徒。他们走进教堂,四处张望,坐在里面的有孩子,也有老人。人们拿起赞美诗集,用中文唱着:"前进,基督的战士们。"身边的基督教徒告诉他们,政府出钱付牧师的工资。佩姬是北卡罗来纳州人,她的老乡赫尔姆斯整天喋喋不休,指责中国政府迫害教徒。佩姬说:"我敢打赌,赫尔姆斯肯定没来过中国。我回家后要邀请他加入我们,同游中国。"他们此行还看到中国有大批虔诚的穆斯林,而且没有看到他们因宗教信仰而受到迫害。①

---

① 吉姆·罗杰斯著,凌建平、胡利平译,《风险投资家环球游记》,上海人民出版社2007年版,第49页。

再次来到敦煌，罗杰斯四处打听季先生的下落。一晃十年过去了，不知他如今过得怎么样。听当地人说，季先生的生意越来越红火，现在拥有一家工厂、几家酒店、不止一家餐馆。他还经营地毯生意，编织波斯或中国图案的地毯。中国的劳动力和原材料都很便宜，他的地毯在国外已经打开销路。中亚地区的地毯产业曾闻名于世，但20世纪90年代政权更迭后，这些国家的人民很少编织地毯。季先生看到了机会，而且抓住了机会。罗杰斯再次见到季先生很高兴，并买了三块波斯图案的地毯，通过海运寄到美国。季先生在自己的一家餐馆请罗杰斯夫妇吃饭，并亲自下厨做手擀面。罗杰斯由衷感慨，无论经济形势好坏，每次见到季先生，他的生意总是上了一个台阶。季先生代表了一个新的中国的灵魂。

从南京的宾馆向东看，罗杰斯一共数出12处建筑工地上的塔吊。有人告诉他，世界上一半的工程吊车在中国。中国到处都在热火朝天地建造高速公路、住宅。不仅如此，他还惊叹于中国人的消费热情：自行车、收音机、电视、服装……"中国是到目前为止我们发现的最有活力的国家。"

罗杰斯对上海一见钟情。在他眼中，上海是一座充满生机和中国味道的大都市。1949年解放前，上海的证券交易所是亚洲最大的，仅次于纽约和伦敦证交所。1988年罗杰斯在那座低矮的小房子里购买股票的场景历历在目。1999年，上海证交所已经迁移到一座崭新的办公楼，交易大厅宽敞明亮，300多人坐在计算机后面忙碌着，一切交易完全实现电子化，交易规模越来越大。罗杰斯还发现一个有趣的现象：在中国，从事证券业的都是年轻人，包括证交所主席。证券业在中国是一个年轻的行业，历史不超过15年。证券业的员工和美国互联网公司的员工很像，不到35岁，他们充满热情和活力，乐于接受挑战，不知疲倦地工作着。这次，罗杰斯终于做了一件多年来梦寐以求的事：在上海证交所，开了一个股票交易账户。

在上海街头，罗杰斯抓拍了一张照片。画面中，一个年轻姑娘骑在低座小摩托上打手机，她衣着时尚，发型精致。"她的打扮不逊于纽约、巴黎或米兰的任何一位女性。"罗杰斯对笔者描述那个画面时仍记忆犹新。

不过，老上海的消失令他有些伤感。罗杰斯依旧记得，十年前他早晨步行到公园，混杂在当地人中，观看江对岸驶过来的渡轮。农民走下船，背着盛满鸡蛋的篓子。每次他到上海，都要重返故地，但已不见了昔日的景观。"上海不再是过去的上海。中国也不再是过去的中国。"

结束第三次穿越中国之行后，罗杰斯对中国的投资考察已达11年，他对中国的看法在一点一点地改变、修正，对中国的未来前景，越来越有信心。他感慨，在旧世纪即将结束和新千年来临之际，中国，这条国土面积和美国差不多大，却有着四倍于美国人口的巨龙终于苏醒过来。投资中国的机遇终于到来。

第四章
环视全球,谁是下一个中国?

就我看到的朝鲜来说,它就像一个正在成长的孩子,变化是惊人的。如果你 1978 年在中国投资,我肯定你能想到自己会有多成功。而这就是朝鲜当下的现实。

——吉姆·罗杰斯

罗杰斯家中，出现频率最高的装饰品是世界地图：立在客厅门口的大地球仪、放在桌上的小地球仪、地毯上的世界地图、能当座椅的塑胶地球仪……他7岁的小女儿能熟练地指出某个国家的确切位置。我在新加坡采访的第三天，一家韩国电视台来家里采访，罗杰斯让小蜜蜂指一下韩国的位置，她迅速而出色地完成了任务。

作为国际投资家，罗杰斯不仅纵向比较中国十多年间的变化，还在两次环游世界期间，横向比较其他国家的发展前景。他对笔者表示，对比之后，他更加确信，举目全球，中国风景独好。当然，他也发现，一些国家中隐藏着一两匹黑马，它们能否成为下一个中国？

第一节 "金砖四国"中的另外三国

既然投资看的是事物的未来发展潜力，如果投资的目标是国家，自然首选发展中国家。而在所有发展中国家中，"金砖四国"（巴西、俄罗斯、印度和中国，英文首字母合在一起为BRIC）普遍被认为发展潜力最大。但是，罗杰斯对中国之外的其他几国总体上并不看好。

第一，俄罗斯。罗杰斯告诉笔者，20世纪八九十年代，他在环球旅行期间到达俄罗斯时，对这个国家的前景比较悲观，主要基于两点考虑。其一，俄罗斯的经济体系太单一，过于依赖天然气和石油。其二，俄罗斯从计划经济过渡到现代市场经济的过程中，困难重重。该国自然资源蕴藏丰富，人民受过良好的教育，工业化程度高，但仍是个低度开发的国家。1999年，罗杰斯发现：与十年前相比，俄罗斯的基础设施没有得到多少改善；一些工厂仍使用苏联时期陈旧的设施，并没有进行升级或改进，生产力水平很低。很多工厂没人管，甚至是否仍在开工都不清楚。

究其原因，罗杰斯认为，俄罗斯从来没有一个发达的商人阶层，而市场经济需要靠大量企业家和私营企业去带动。这个国家的人民也不希望变革太剧烈。总体来说，俄罗斯人仍然不信任或不懂市场。"中国前途无量的原因之一是，很多中国人到海外留学，之后回国效力，大批海外华人也纷纷返回祖国，带回资本和知识。相反，俄罗斯人一旦出国，很少回国为国家重建出力。"他对笔者说，另外，苏联境内有 124 个民族，说着 124 种语言，有不同的宗教信仰。苏联已分裂成十几个国家，罗杰斯认为还可能继续分裂，"说不定有一天会变成 50 个或 100 个"。

罗杰斯判断，俄罗斯向市场经济过渡可能要花费几十年。这方面，中国远远超过俄罗斯，因为市场经济观念在中国已深植人心。俄罗斯不懂得尊重资本和保护资本，资本就不会为它出力。

不过，最近一两年，罗杰斯对俄罗斯的前景预期有一定改观。他告诉我，俄罗斯经济近年发生了很多微妙的变化。虽然该国经济体系仍然较为单一，但一些新兴产业在慢慢兴起，比如科技、房地产、服务行业等。俄罗斯开始在远东投入大量资金重建海参崴，建设穿过边境的公路，以及连接朝鲜的铁路。他认为，西伯利亚地区未来会有更好的发展潜力。那里自然资源丰富，俄罗斯人口少，不愿意去开发，而中国在地理位置上非常接近西伯利亚，中国人慢慢会到那里做生意，带动该地区的发展。因此，罗杰斯近年开始关注俄罗斯市场。俄罗斯股市低迷，正符合他低价持有的原则，他买入一些俄罗斯农业公司的股票，并成为其中一家公司的董事，他还购买了俄罗斯政府发行的卢布债券。自从卢布暴跌后，债券的利息变得非常高。

在罗杰斯看来，现在俄罗斯正在面临的货币贬值更多是政治原因，而不是经济原因。美国联合沙特阿拉伯迫使油价下降，给伊朗、俄罗斯施加压力。作为俄罗斯最主要的收入来源，油价下降必然导致卢布贬值。"这只是一个暂时的地缘事件。美国采取这些行动，只能使俄罗斯更亲近亚洲，因此，未来，俄罗斯将更多地与亚洲打交道，而不是欧美。"罗杰斯判断，俄罗斯经济走势未来40多年应该有向好的趋势。虽然不可能好到像中国那样。

第二，印度。在新兴市场中，很多人把中国和印度放在一起比较，认为印度将会抢走中国的商机。"这样做的人既不了解中国，也不了解印度，这两个国家根本没有可比性。"罗杰斯愤愤地说，近年来，印度给美国人留下深刻印象，这可能与美国人把一些工作外包给印度有关。美国媒体不遗余力地报道：印度正显现出信息技术革命的力量，同时，印度是一个民主国家。"我不是一个印度民主神话的追随者，我只是一个投资者。"多年前，罗杰斯在印度旅行时，希望搜寻有前途的投资机会，但结果令人失望。

亲身经历让罗杰斯确信，在大多数经济领域，印度根本没办法和中国比。他在游记中写道："1999年在印度旅行时，外国人参观泰姬陵需购买比本国人贵47倍的门票，如果算上外国人必须支付的税款，则是94倍。印度人把这个差额美其名曰环保税。"在走访印度的整个旅途中，他的心情一直交织在对人文地理美景的惊叹和对这种差别待遇的恼怒之中。"印度自称信息技术的伟大培育基地,但在印度旅行,你必须买好几个手机,因为每个手机只能适用某些地区或城市。"他愤愤地对笔者说。

开车从孟买到加尔各答,罗杰斯几乎用了一个星期,而两座城市之间的距离不超过2000英里。那条混凝土公路只有两车道,所有的车都挤在上面——卡车、骆驼车、驴车。卡车司机穿越印度的平均时速是12英里,而中国同行的速度是其4倍。"以这样的速度,他们怎么能跟中国竞争呢?"罗杰斯在其著作里及向我诉说的对印度的不满不止于此:印度可耕地面积排在世界第二,但农作物亩产量只是世界平均产量的30%。由于基础设施建设一直被忽视或者根本不存在,在丰年里,很多农产品还没进入市场就变质了;印度明显缺少可靠的电厂和港口设施,印度工厂每个月平均要停电17次;上海市2005年处理了2100万只集装箱,同一年,印度全国才处理了500万只[①];根据世界银行的统计,在印度开设企业花费的时间是中国的两倍,注册财产或执行合同也差不多需要两倍时间;在孟买

---

① 吉姆·罗杰斯著,张俊生、曾亚敏译,《中国牛市》,中信出版社2008年版,第46页。

和德里，商店里能买到的最新型号的电脑设备都是美国3年前的技术。

还有一个问题引起罗杰斯关注——高出生率可能会引发更多无法解决的问题。在罗杰斯看来，印度没能力养活所有人。在教育方面，中国政府要求所有适龄儿童必须接受九年义务教育，而印度一半的未来劳动力都不能达到这个水平。根据德里经济学院和印度社会研究所的一项调查，该国1.65亿6至10岁的儿童中，只有约0.35亿读完了小学。印度的大学很少，很多大学生到国外留学，其中一个重要原因是，政府不愿花钱建学校。[1]"要知道，建设国家依靠的是人才。"

此外，印度的外交内政也困难重重。自独立以来，印度几乎没有同邻国有过稳定关系。过去30年，印度同中国、巴基斯坦、孟加拉国交战，同斯里兰卡打过代理人战争。在印度国内，有一半人不知道另一半人在干什么。印度是多文化、多语言国家，每一个文化区域的人都不同，20多种主要方言为沟通带来很大困难。

综上所述，罗杰斯认为，印度要有强劲的经济增长率

---

[1] 吉姆·罗杰斯著，凌建平、胡利平译，《风险投资家环球游记》，上海人民出版社2007年版，第216页。

几乎不可能。"尽管存在这么多问题，印度仍是我希望能找到投资机会的国家。印度中产阶级人数众多，出现奇迹的可能性是存在的。我曾经认为印度可能会改革，买了一些印度股票。但多年来，股票一直没有向我预期的方向发展。"毫无疑问，作为新兴国家的一员，印度正显示出它渴望成为世界经济推动力的热情。但事实上，除了更有效的计划和受过更高教育的劳动力之外，中国仍比印度早出发了25年。

第三，巴西、南非。"巴西人自己说：巴西是世界上下一个伟大的国家。虽然巴西是上帝挑选的国家，但问题是上帝送了巴西人来管理它。"罗杰斯认为，实际上，几百年内，巴西的国家管理是缺乏的。外汇管制、高关税、保护主义抬头等，都严重影响了巴西的经济发展。

不过，罗杰斯发现，在大宗商品走势好时，巴西常常会有经济向好的趋势，因为它生产糖、铁矿等原材料。糖是乙醇的原料，而乙醇又被视为原油替代能源的来源。罗杰斯看好巴西的原材料市场，但对该国股票市场及其货币雷亚尔持中立态度。"南美地区资源丰富，但问题是，很多南美国家从来没有好好规划过。在过去几十年中，高通货膨胀已经好几次把南美国家的货币带入绝境。"罗杰斯说。

有人将南非也加入新兴国家行列，成为"金砖第五国"。

但罗杰斯并不看好南非。"南非的主要出口商品是黄金和钻石,除此之外没什么东西可以向其他国家销售。"20世纪90年代初,由白人政府控制全国的种族隔离制度寿终正寝,这是一个具有伟大道德和历史意义的事件。90年代,罗杰斯在装饰一新的开普敦市游览。那里成功地变为文化和商业中心,有世界一流的旅馆和餐馆,但是他心里由此产生的较高期望,却因为无处不在、惨不忍睹的贫民窟而破碎。在南非,示威游行司空见惯,开普敦的犯罪率急剧上升。

罗杰斯从当地人那里了解到,在某种程度上,黑人政府不像白人政府那样重视黑人的教育,投入的钱也少得多。很多南非人纷纷投奔他乡。"政府无法把因种族隔离制度消亡而产生的乐观前景变成现实。南非的困境很大程度上是因民众的失望造成的。"罗杰斯对笔者说,"南非人对白人长期欺压他们一直耿耿于怀。受害者的情绪比较强,这种态度虽然可以理解,但长此以往会阻碍经济发展。"

第二节　朝鲜,下一匹黑马?

在亚洲的发展中国家中,有一个经济体被罗杰斯认为是除中国以外最具潜力的,它就是朝鲜。罗杰斯反复向我强调，今天的朝鲜很像 20 世纪 80 年代的中国，发展基数很低，但充满活力、雄心勃勃、干劲十足。"虽然朝鲜现在还属于比较压制的时期，但他们在逐渐开放。它是下一个令我兴奋、充满期待的最佳投资地。"

罗杰斯去过朝鲜两次，发现那里发生了很大变化。第一次是 2007 年，那时的朝鲜没有太多游客，罗杰斯夫妇在那里旅行了 4 天。外国游客不允许在朝鲜境内使用和携带手机、电脑，他们在朝鲜也没看到有人使用这些电子设备。罗杰斯不喜欢跟旅游团，习惯于用自己的方式设计行程，可以自己决定去哪里、吃什么。不过，在朝鲜没的选择，不管他们到哪里都有政府人员陪同。有一次，在平壤的主干道上，罗杰斯看到一个理发店，正好他想理发，就闯了进去。当他开始用手模仿剪刀理发时，理发店里的老人无比震惊地从凳子上弹起来。"很快我被陪同的政府人员拉出了理发店，他向我确认，理发并不在我的行程之列。"①

2014 年，罗杰斯第二次去朝鲜，发现情况已经大为改观。虽然对外国游客还有管制，但已经允许游客携带手机和电脑，即使不能使用。那次旅行比上次开放、自由、轻

---

① 吉姆·罗杰斯著，杨青译，《街头智慧》，机械工业出版社 2015 年版，第 179 页。

松很多。他们可以四处走走，骑自行车，和朝鲜人一起喝啤酒。他还走访了一个很大的市场，有三四个足球场那么大。那里有几百个仓库、成百上千个商家，食品、酒类等应有尽有，到处都是在创业和投资的人。罗津港也有了新发展。俄罗斯修建了直通罗津港的铁路，从那里可以直接将货物运到俄罗斯，比之前的海运快两周。

"就我看到的朝鲜来说，它就像一个正在成长的孩子，变化是惊人的。"罗杰斯如此分析变化的原因：第一，朝鲜现在的执政者金正恩是在瑞士长大的，他对西方世界接触很多，他手下的重要官员在30年间都被送到类似北京、上海、莫斯科等经济发展较快的城市学习；第二，朝鲜也开始有了DVD、互联网，人们更容易了解外面的世界；第三，中国人、俄罗斯人来朝鲜投资，也让朝鲜人的市场意识转变很快。所以，朝鲜希望开放的意识在慢慢增强。朝鲜领导人正变得开放，私人市场的发展前景是可以预期的。"虽然会犯错误，即便阻力重重，但我知道朝鲜进一步发展的脚步是不会停止的。最根本的原因是，朝鲜人一定想要更好的生活。而且朝鲜手中有资源，跃跃欲试。很多国家都是通过这种方式来改变的，那就是：开放，然后变得更好。朝鲜将会继续发生巨大的变化。中国或其他到朝鲜投资的公司将受益于朝鲜的开放和改变。"

第四章 | 环视全球，谁是下一个中国？

"如果你1978年在中国投资，我肯定你能想到自己会有多成功。而这就是朝鲜当下的现实。我非常希望抓住这个难得的投资机会。"不过，让罗杰斯难过的是，目前平壤政府对外国人的监管仍十分严格，美国人在朝鲜投资是非法的。即使是中国公司，在那里投资也不那么容易。罗杰斯向我打趣道，"如果你知道投资朝鲜的好办法，请一定告诉我，前提是对于美国人是合法的"。事实上，相比国有企业，罗杰斯更看好中国私人企业在朝鲜餐馆、商店、工厂的投资表现，他希望有朝一日能投资这些公司。

虽然2017年年初发生了金正南遇害事件，朝鲜政局较为动荡，但罗杰斯依然看好这个国家的前景。"朝鲜现在可能像1981年的中国。邓小平在20世纪70年代末打算改变中国，在接下来的10年、20年，中国社会发生了很多波动和变化。所以，也许10年后，我们会发现朝鲜也发生了很大改变。"在北京的一次补充采访中，他对我说。

对于亚洲其他发展中国家的前景，罗杰斯认为，都比不上中国。"很多跨国公司想把生产基地从中国搬到柬埔寨，因为那里的人力成本更便宜，但柬埔寨只有1400万人口，发展潜力和中国没法比。""马来西亚石油储量丰富，但现在油价下跌很多，他们会遇到挑战，该国还存在不同族裔文化差异等问题。""泰国近年政局动荡，经济上也积累了一些债务，虽然没有欧洲那么严重，但已经开始负债了。"罗杰斯总是不忘捎上欧洲，"当然，东南亚国家所有这些问题和欧洲比起来，都是小巫见大巫。"

中亚国家拥有丰富的石油、天然气等自然资源。土库曼斯坦的天然气蕴藏量占世界第五位，乌兹别克斯坦是世界上第三大棉花出口国、黄金和天然气的重要生产国，哈萨克斯坦蕴藏石油、煤、黄金、铀、铜、铅等。即便如此，罗杰斯还是认为，这些资源短期内不会给这些国家带来多少好处。因为中亚地区动荡不安，民族争端、边界纠纷、石油管道争执不断，政治讨论难以进行。"中亚各国内部的各部族都跃跃欲试，争取独立，不排除会爆发内战。很多国家的货币已经一贬再贬。一些国家早晚有一天会破产。"

富得流油的中东国家前景如何？"当油价高企时它们的经济比较好，如果油价慢慢回落，它们也要寻求多元化发展，比如旅游业或其他产业。"罗杰斯说，这一地区经常发生战争，历史总是在重演，"希望从现在到下次战争还有很长间隔，这样中东国家才有足够时间去发展。"

"非洲有 50 多个国家，每个国家情况都不一样，很难对其发展前景做出统一判断，不过，津巴布韦、安哥拉、埃塞俄比亚、坦桑尼亚的发展势头不错。"罗杰斯对笔者表示，安哥拉越来越繁荣，有大量资金涌入，问题是该国还没有股市。津巴布韦跟英国殖民者有过一段混乱的历史,经济情况不是很好。但近年来,该国开始放弃自己的货币,流通美元。罗杰斯认为,此举可能给津巴布韦带来全新的未来。为此,他几年前投资了该国股市。"这大概会在20年后变成另一个投资故事。那时人们会问,当时他是怎么想出来的主意。"罗杰斯对我说这句话时,毫不掩饰得意之情。

不过,整体上看,罗杰斯认为,非洲整个经济局势并不利于发展。他在游记中写道:"90年代的旅行中,我看到一个正吹起变革之风的大陆:民众认识到,原来的政治方式再也行不通。领导人则看到,过度的政府控制会阻碍经济增长。非洲开始吸引外国投资者的注意。10年后,我旧地重游,希望看到非洲国家重振雄风,但我发现这些国家还有很长的路要走。"罗杰斯表示,一些国家如埃塞俄比亚、毛里塔尼亚正在采取正确的举措,将工业私有化、放松官僚管制,把那些毁坏国家经济的人赶下台。但有许多国家在走回头路,腐败现象严重,充满暴力血腥的争端。

第三节 美国正在走向衰落?

如果其他发展中国家"潜力股"的势头都比不上中国,

有些国家甚至沦为"垃圾股",那么,在发达国家中,是否存在未来前景更好的"绩优股"?

罗杰斯坚定地表示,他并不看好发达国家的未来。他认为,在世界四大经济体(美国、中国、欧盟和日本)中,只有中国处于相对上升的状态,其他经济体都已进入衰退曲线。"美国必然走向衰落,日本已经衰落,欧盟一半国家开始衰落。它们共同的、最核心的衰退原因是——负债过多。"

"美国是我的祖国,我非常希望它延续20世纪的繁荣,但我必须面对事实:美国一定会走向衰落。"罗杰斯说,历史上早就出现类似规律。19世纪初,英国被称为"日不落帝国",它是世界上最强大的国家,没有之一。经过几代人的更迭,英国及欧洲持续衰退到现在的光景。美国已经强大了一个世纪,现在开始衰落,未来将经历持续衰退的过程,之后就不再重要了。"也就是说,在未来150年内,美国不会成为单独的、最重要的国家。"

和罗杰斯不同,在大多数美国人心中,美国没有衰落,美国经济永远不会崩溃。有美国专家预测,美国经济进入衰退期的概率仅为30%。美国摩根大通银行2015年分析认为,美国经济在3年内衰退的概率为76%。但罗杰斯预测的概率是100%。"一两年内,美国经济势必进入衰退期。

触发经济下行的罪魁祸首是,世界经济低迷和美国错综复杂、积重难返的债务。美国已经走向破产。"

罗杰斯分析称,现在的美国是世界历史上最大的债务国。截至 2015 年,美国负债已达 19.5 万亿美元,并仍以每年几千亿美元的速度增加。美国政府债务占 GDP 比例达 108%,超过世界上 95% 的国家。历史上,这一比例超过 100% 的国家,要么陷入持续的经济萧条,如 2000 年后的日本、意大利;要么,政府采取经济管制,大量印制钞票,导致货币大幅贬值,如 2006 年的津巴布韦。"曾经的罗马帝国就是因为战争的巨大消耗、债务水平大到无法承受而导致国家崩溃。"

"自美国成立以来,经济衰退就定期发生,至今已发生至少 15 次。1907 年美国面临经济崩溃时能获救,因为它当时是一颗冉冉升起的新星,正从债务国向债权国迈进,那是一个向上拉升的曲线。而现在,这个债务国正处于递减曲线上。"罗杰斯说,近年来,每隔 4~7 年,美国都会发生一次经济衰退。其中一个周期性衰退是 2002 年,始于 2007—2008 年的衰退更糟,巨额债务堆积成山。距离上次衰退已经过去 8 年。8 年来,美国的负债增长了 6 倍。2008 年,亚洲开发银行提前储备了很多资金,时至今日,大部分都已花掉。"那么,下一次美国经济衰退会发生什么?美国实在没法再将巨额债务翻两番,也不能再次大量印钞。如今,美国的债务已达到历史最大值,无论如何无法偿清。"

罗杰斯预测,2017年前后,美国可能发生严重的金融危机。如果世界经济的龙头老大发生危机,恐慌情绪会散播开来,全世界大多数股市将猛跌。再加上日本已经处于经济萧条期,欧洲一些国家经济在后退,全球经济将在接下来的一两年内陷入大萧条,亚洲包括中国也会受到影响。

"经济衰退到来应该怎么办?美国不能简单地说:'哦,好吧。我们在过去30年内经历了史上最可怕的信贷泡沫,我们已经负债累累。不过一切都会好起来的,不必担心。'世界不会按照这种方式运转。"罗杰斯苦口婆心地说,如果2008年美国政府允许输家破产,经济安全机制就会发挥作用,顶多有3年时间比较难熬,到现在也肯定恢复如初。亚当·斯密曾说过,让国家破产要费尽周折,但之后我们还能依然前行。世界以这种方式运转了上千年,但2008年,美国还是错失了机会。而即将到来的这次危机,美国的境遇会更加危险。

罗杰斯强烈反对政府对银行纾困。"让它们去申请破产吧!与雷曼兄弟命运相同的企业越多,整个系统的境况才会越好。救市计划是一场灾难。1929年,在政府干预后,美国经历了经济大衰退,那真令人沮丧。所有应该破产的公司都应允许其倒闭。但现实是,下一次危机到来时,政府救市的情景还将再次发生。"

笔者在新加坡采访时,跟随罗杰斯参加一个论坛,论坛上有嘉宾认为,美国不会衰退,因为美国企业一直在创新。"是的,创新也许是美国如今所剩不多的优势。美国曾主导了航空、金融、IT等几乎一切领域。不过,今天,只有少数行业美国还占据优势。"罗杰斯态度坚决地回应道,"越来越多的国家在越来越多的领域超越美国。当前,苹果仍是世界上市值最高的公司,但我并不相信下一个乔布斯会诞生在美国。"

如果说,导致美国走向衰落最直接的原因是巨额债务,那么,这个超级大国为什么会成为全球最大债务国?罗杰斯向笔者进行了深入的分析。

第一,不重视储蓄。经济学的一个基本原理是,更多储蓄意味着有更多的钱进行投资,意味着更高的生产力,并带来生活水平的提高。而储蓄和投资正是美国在过去20年缺失的。罗杰斯表示,虽然从19世纪末到1914年美国成为债务国,但那时的美国把借来的钱用于开凿运河、建工厂、修铁路等能带来巨大回报的基础设施投资上。如果能明智地投资,适当借钱是没问题的。到20世纪80年代,美国已经成为债权国。

然而，没过多久，美国人开始大肆挥霍存款，过度消费甚至借钱消费。"如果你借钱是为了寻求一点乐子，比如到海边喝啤酒之类，钱很快就会花光，而且，一旦这种消费习惯养成，借贷率会越来越高。"

罗杰斯认为，世界上成功的国家和地区毫无例外地鼓励其国民进行储蓄和投资，他们征收消费税，而不是储蓄税和投资税。美国却相反，其税收体制鼓励人们去消费，而不是储蓄和投资。美国的储蓄率为4%时，日本的储蓄率为20%，中国超过了30%。20世纪80年代，新加坡超过40%的高储蓄率曾助其经济腾飞。而美国的储蓄率在过去10年间始终徘徊在2%，并已经有好几次是负值。

第二，到处扩张，加速消耗。"如果美国像19世纪那样，将钱财投向生产资料还好。但过去20年，华盛顿在坦克、导弹上花费巨大，而这些对未来生产力绝对没有任何帮助。美国需要在全球维持庞大的军事存在，约800个美军基地星罗棋布地散布世界各地，这是导致当前巨额财政赤字的重要原因之一。"

资料显示，1940年，美国参加"二战"前，其军费支出仅为16.6亿美元，占GDP的比重为1.7%。20世纪50年代，由于参与朝鲜战争，美国军费占GDP比重基本保持在10%以上。20世纪80年代，美苏争霸期间，美国军费连年增长，但占 GDP 比重维持在 4%~6% 之间，而苏联的这一比重达 15%~23%，导致其经济崩溃。老布什和克林顿时期，美国以发展经济为主，军费支出呈削减趋势，曾连续几年出现负增长。小布什政府上台后，实行先发制人的反恐战争，军费再次大幅上涨，其中 4 年增长达两位数。

"美国为别国的事不惜花费自身巨额资金是极其不明智的。朝鲜就是最明显的例子。"罗杰斯认为，朝鲜对美国根本构不成威胁。如果该国政权真如美国所说的那样危险，最多也是其邻国担心的问题。美国在太多的地方显示军事实力，会进一步在全世界引发敌意，从而产生恶性循环，导致美国不得不花费更多钱来维持自己的安全和繁荣。

他进一步说道，如果美国在"二战"结束几十年后不再派军队常驻欧洲、日本、韩国，就可以节省成百上千亿美元，还能减少成为被攻击目标的机会。"假如美国把浪费在干涉别国事务上的资金用来对付癌症，也许我们已经战胜癌症了。"

诺贝尔经济学奖得主斯蒂格利茨与罗杰斯持相同态度，在著作《三万亿美元的战争》中，斯蒂格利茨明确提出：天下没有免费的午餐，也没有免费的战争。他与另外一位经济学家像两位老会计一样，在堆积如山的资料和数据中理出一本战争费用的账本。结论是：小布什政府发动的伊拉克战争总费用达到 3 万亿美元，差不多等于美国全年GDP 的 1/5，需要由几代纳税人来偿付。这些成本主要包括社会经济成本和战争的预算支出。其中，社会经济成本为统计生命价值、统计伤害价值、社会和其他医疗支出、现行伤残抚恤等；战争预算支出包括已经支出的军事行动费用、未来可能支出的军事行动费用、行将支出的退役军人费用（医疗费用、伤残抚恤、社会保险费用）、经调整的其他军事费用（隐藏军费、未来的军事复位费用等）。

斯蒂格利茨认为，这场战争的最终结果是导致了全球金融危机的爆发。战争开始后，为鼓励家庭借贷、扩大消费，美联储不仅降低利率，还降低了借贷标准，实际上是鼓励家庭借更多的钞票以供房贷，这使得美国人的消费水平远远超过他们的收入水平。当利率上升时，成千上万的美国人发现，他们将还不起贷款，甚至失去房子。这必然增加金融风险，对经济产生巨大的负面影响。斯蒂格利茨在书中写道：更值得忧虑的是，由于战争开支庞大，财政吃紧，美国不得不通过发国债的方式向国外借款，可以说，这场战争把美国的财政越掏越空，导致美国的经济实力与国际金融地位日益削弱。与此同时，美国政府挖肉补疮，寅吃卯粮，不断削减社会福利与教育经费，加上经济危机的影响，已出现穷人看不起病、孩子难以就学的问题，美国人怨声载道。①

在罗杰斯看来,美国出兵伊拉克、利比亚是非常疯狂的事,对美国和世界人民都没好处。"但有时,这就是一个政权为了体现自己在全球范围内的地位想做的事。英国和西班牙都曾在强大时,试图在许多地方维持存在感,却最终拖垮了自己。陷入这种境地的国家从来都无法全身而退。"

"大多数美国人是友好的,但美国政府则另当别论。我真是不理解为什么美国人一到华盛顿就职后,整个人就变了,做出一些不可理喻的事。"罗杰斯对笔者说,美国一直宣称"我们信仰上帝",理论上,政客们出兵他国与个人信仰是冲突的,但也许华盛顿的人更看重权力和地位。"大部分政客对个人信仰毫不在乎。也许他们在乎的是想控制全世界。"

第三,大多数美国人故步自封,不愿了解世界。"有一件事一直让我忧虑:美国人对世界的了解真是少而又少,更可悲的是,他们甚至根本不愿意去了解。"罗杰斯在其著作中写到,当他周游世界返回故里,兴奋地对身边人讲起自己历时

---

① 约瑟夫·E. 斯蒂格利茨、琳达·J. 比尔米斯著,卢昌崇、孟韬、李浩译,《三万亿美元的战争》,中国人民大学出版社2013年版,第3页。

3年游历116个国家的传奇经历后,那些人的孤陋寡闻却让他深感失望。因为很多人从来没听说过他去的一些国家,根本不知道外面的世界有多大。罗杰斯认为,美国人在地理上是与世隔绝的,被一左一右两个大洋裹挟,美国也是"二战"后唯一不缺钱的国家,因此,很容易在政治上也与世隔绝。许多美国人认为不需要和世界其他国家有太多交往,没必要了解法国、波兰、马来西亚、赞比亚、乍得。美国的新闻界也不例外。而当美国新闻媒体真的报道世界其他国家的新闻时,这种新闻往往是有偏见的。为了比较全面地了解世界局势,罗杰斯长期订阅国外期刊,听海外的广播。

"美国为什么会成为被攻击的目标?一些美国人会说:因为我们生活富裕,因此遭人嫉恨。就人均收入来说,世界上有许多国家比美国富裕,比如新加坡、瑞士,但没人去轰炸它们。很多美国人认为,美国之所以打赢所有的战争,是因为上帝站在美国一边。"罗杰斯很无奈地说,"美国人的看法就是这样,世界其他地方的人是受到诅咒的。为此,美国在2001年9月11日付出了巨大代价。当然,国际紧张局势和冲突也许有利于政客赢得选票,但是对社会和经济发展有害而无利。"

那么,防止美国经济衰退有解药吗?有,对症下药。

罗杰斯认为,美国的负债接近20万亿美元,温和的措施已经不起作用，美国到了必须采取强有力的措施才能遏制大出血的关键时期。希望经济蓬勃发展，就必须减少债务。首要的做法是，减少不必要的军事开支。"美国应把驻扎在海外100多个国家的部分军事人员撤回，这样可以省下不少钱，还能减少树敌。美国还应从当前所有正在参与的战争中撤出。"另一个可行的偿债办法是私有化，如卖掉诸如公共用地、机场、海港和邮局等政府资产。当然，还应该减税，经济学有一个简单易懂的自然法则：你对什么征税就会丧失什么。美国必须废除所有针对储蓄和投资的征税，再辅之以消费税，这样才能刺激储蓄，抑制超前和过度消费。罗杰斯认为，如果不改革，最终，美国经济将触底。"也许三四百年后，美国会像中国那样，再来一次伟大的崛起，但我并不确定，这是否会发生。"

2017年，我对罗杰斯做补充采访时，在他遥远的家乡，一位每天占据全世界媒体头条的"话题之王"已当选美国总统。罗杰斯认为："商人特朗普当选总统，是美国反对职业政客的正常反应。人们越来越意识到，那些职业政客给美国制造了多大麻烦。"但同时，特朗普上任后也没少制造麻烦：签署"禁穆令"、扬言对中国商品实施高关税、退出《巴黎协定》……对特朗普宣扬的"美国至上论"，罗杰斯的看法是："从古至今，不管在什么地方，一个国家实施闭关自守政策或者发动贸易战,最终都会导致并加速这个国家的衰退。"

第四节 其他发达国家前景

一、欧洲:未来十年,欧元或将不复存在

欧洲国家的未来如何?希腊的债务危机会在欧洲其他国家重演吗?"不要去欧洲,要待在亚洲。"这是罗杰斯给出的忠告。因为,大多数亚洲国家负债较少,而欧洲国家通常负债累累。过去的200年,希腊经济不断出现问题。罗杰斯认为,希腊民众有很多债务,但经济衰退的主要原因是政府负债。希腊人口老龄化严重,而政府负债加剧,没有能力负担越来越高的退休金、医疗保险等,这会进一步加快希腊的衰退速度。"不管是个人还是国家,当你负债到无法偿还的地步时,经济发展绝对会受到重大阻碍。所以一定不能一直借而不还。"

"不幸的是,意大利、法国、西班牙等欧洲国家都出现了类似希腊的问题,5年内都有可能发生类似危机。"罗杰斯表示,只要利息率上涨,这些负债国家还债的可能性就

越来越小。南欧国家可能先出现债务危机,相对来说,北欧国家如芬兰、挪威的问题不是那么明显,但迟早也会发生。因为这些国家的政治家给民众许诺了很多福利,但人口出生率不足会导致国家生产力下降,政府很难兑现承诺。"总的来说,欧洲国家的情况都会每况愈下。如果有任何解决方案,都只是推迟、延缓问题的爆发而已。"

他说,表面上看,欧洲央行似乎可以帮助部分处于严重困难的欧洲国家脱离困境,但欧盟的持续增援最终势必触发另一场世界大战。像德国那样的债主继续主张厉行节俭,与此同时,债务人正寻求更多支持并想翻身。纾困和宽松的货币政策并不能让经济发展更为持久,反而会抬高通货膨胀率,使经济疲软。富有的投资人将转移其在欧洲的投资。"到最后,欧盟会崩溃。所有的人都会寻找替罪羊。政客会责怪外来人口。无论欧盟怎样做,都会处于'二战'或'一战'那样的焦灼之中。"

罗杰斯建议通过如下途径解决欧债问题:让那些在市场竞争中频频失利的公司和银行申请破产。破产对经济的冲击只是短暂的,几年后就会再次复苏。不要像日本那样去营救从不作为的僵尸企业和银行。自由市场本身并不能解决自己的问题,政府必须帮助市场选出赢家和输家,而且要快。许多年前,斯堪的那维亚采取的迅速、决定性的行动，有效扼制了危机带来的阵痛。"如果欧盟这样做，将是解决问题的好办法。但是，可能吗？不。明年我们将再次谈论同样的话题。"

债务危机只是欧洲国家的挑战之一。罗杰斯预测，受英国脱欧的影响，更多国家会脱离欧洲共同市场和欧盟组织。2013年，罗杰斯就预测英国会脱离欧盟。原因是"不管什么时候，当国家经济出现问题时，人们总是首先埋怨外国人"。如今，很多欧盟国家的经济都出现问题，这些国家的政客会以英国为例说，如果脱离欧盟，就能解决问题。"最终我们会看到欧元的衰落甚至破产。未来10年左右，欧元也许将不复存在。欧元曾是个绝妙的概念，欧盟也是。不幸的是，欧洲过快地发展了太多成员国，它的脚步本应更慢些、更集中些。"他对笔者说，长期看，英国脱欧将导致全球更多地区发生更多分裂主义行动。一些地区甚至尝试分裂国家。这种不确定性会让经济放缓。很多国家的股市、投资市场将下滑，席卷全球的经济危机会变得更严重，"这种情况不会比你在有生之年所看到的熊市更糟了"。

"我现在还持有欧元。因为2012年前后发生希腊危机时，人们都变得极度悲观，每个人都在抛售欧元。按照我的经验，当其他人都站到船的一边时，你应该选择站在另一边。所以，我购买了欧元，不久欧元就升值了。但是我必须注意观察正在发生的一切变化。"罗杰斯说。

二、日本：创造力在逐渐消失

说起日本经济，罗杰斯显得很失望，且忧心忡忡。"日本经济一直处于衰退中，已经有很多内债，而亚洲国家一般没有那么高的负债。"日本还是全球平均年龄最高、出生率最低的国家之一。因为经济上没有安全感等，很多日本人不愿生孩子。"倘若这种趋势继续下去，到本世纪末，日本人口会减半。因此需要新的移民来促进人口增长，但日本对移民政策收得很紧。这对日本社会和经济的长期发展非常不利。"

罗杰斯认为，日本奉行的保护主义政策会继续削弱日本经济在世界上的地位。他在游记中举例称，多年前，为阻止两家煤矿破产，日本政府迫使本国电力公司以3倍于世界市场的价格购买日本煤炭，然后把成本转嫁给消费者。为保护政治上有势力的、行业里的少数人，日本人和日本经济不得不承受更高的能源价格。直到现在，日本也没拿出行之有效的经济发展措施。"安倍经济学虽然刺激了股市，短期看股票投资者会受益，因为一国政府印钞票时，钞票首先流入股票市场。但这会导致货币贬值，从长期看对经济发展不是好事。20年后人们就会知道，这是一个错误的政策。"罗杰斯对我说。

在他看来，过去日本走向繁荣的原因之一是，这个岛国民族单一，全民思维方式相同。日本人集体决定做某事时，一般都能做成。但这也隐藏了日本民族性格中的缺陷：过于死板僵硬，几乎到了无可救药的地步。罗杰斯在游记中还讲述了一个在日本旅行的亲身经历。有一次，他在富士山附近的一家餐馆吃饭，并点了一碗米饭。服务员告诉他，没有米饭。他不禁吃了一惊："菜单上有各种各样的寿司呀？"服务员仍坚持说："没米饭，因为菜单上没写。"于是，罗杰斯点了十几份鱼肉寿司，把寿司上面的鱼片去掉，把米饭倒进碗里，对她说："瞧，你们这儿还是供应米饭的。"服务员仍无动于衷。"我这样做并没有不尊重服务员的意思。我真希望这件事是我杜撰的，可它是真的。"

"日本素以经济效率高闻名，可它正在被僵硬的规章制度扼杀。当年令日本走向强大的资本——创造力和独创性正在迅速消失。"罗杰斯认为，日本现在还没到马上破产的地步，但日本人的奋斗精神已不多见。今天的日本人心灰意冷，自杀率是有史以来最高的。他引述一个面向日本大学生的调查称，在日本，最热门的职业是当稳定的公务员，而不是去创业或成为摇滚歌手。"今天的日本，人人自危。

日本经济过去20年没什么起色,未来10年到20年,经济将持续下降。"

韩国经济近年也出现一些波折。罗杰斯认为,中国对韩国的一些外交政策表示不满,中国又是韩国最大的贸易国,所以韩国经济肯定会受到一些影响。"如果韩国经济下跌到一定程度,投资一些不错的韩国企业会是很好的机会,但目前来说,我觉得并没有合适的机会。"他对笔者说。

三、新加坡:应注重与中国发展战略伙伴关系,而不是美国

新加坡曾创造了国家发展的神话,如今还成为罗杰斯的定居地,他对这个"绩优股"的未来怎么看?

"过去40年,新加坡是世界上最成功的经济体。不过,现在它差不多到了巅峰期,以后的经济发展要么趋于平缓,要么往下走。也许不会衰退得那么快,但它会逐步走向衰退。"在罗杰斯看来,新加坡当初能发展起来是天时、地利、人和的综合结果,各方面都刚好到了一个点上。一个国家的社会体制跟领导人有直接关系。新加坡的发展是在首任总理李光耀的绝对统治下展开的。"20世纪六七十年代,李光耀在正确的地方、正确的时间,做了正确的事。他曾修过经济学,知道要发展一个健全的经济体,必须有高储

蓄和高投资。他启动了强制性退休基金,让每个公民都把自己的钱存起来,为未来投资。"新加坡的储蓄率一度高达40%以上。新加坡人口只有500多万,但其外汇储备在全世界排第三位。如果按人均计算,他们拥有的外国人的钱比任何国家都多。罗杰斯说,在劳动力政策方面,李光耀政府非常聪明,大量引入移民,帮助国家发展。新加坡给全世界的精英非常好的待遇和税收优惠,同时吸收很多外来的强壮劳动力做劳工。此外,政府还在教育上投入大量资金,使新加坡具备了全世界受教育程度最高的劳动大军。因此,在电子工业蓬勃发展时期,该国占据举足轻重的位置。

"新加坡的地理位置也很重要,天灾很少。"说着,罗杰斯带笔者走到一幅世界地图前,指着新加坡的位置说,"如果把它的地理位置随便向上、向下、向左、向右挪一点,发展都不会像现在这么好。"新加坡城位于战略要地马六甲海峡,这是世界上最为重要的水道。直到20世纪60年代,新加坡港还是一个蚊蝇密集的死水滩。罗杰斯说,李光耀明白,新加坡最明显的优势莫过于港口。很快,新加坡港成为世界上最繁忙的港口之一。几乎所有运到亚洲的商品以及亚洲出口到欧洲、非洲的商品,都要经过这里,光过路费就赚得盆满钵满。而当新加坡周边的邻国都发现石油时，李光耀开始发展炼油厂。同时促进经济多元化，涉足国际金融、银行、通信、高科技产业和旅游业，使新加坡的经济一直强劲不衰。

但如今，新加坡也面临很多挑战。罗杰斯认为，首先是人口老龄化问题，这将给社会经济带来不小压力。"实际上，全球基本都在老龄化，老龄化本身不是问题，问题是有多少年轻人来替补。虽然政府鼓励生育，但新加坡一个孩子的家庭还很多。像我这样有两个孩子的很少见。鼓励移民有助于解决这个问题。这就要看政府对移民采取什么政策。"罗杰斯表示，多种族带来的分化现象也不容小觑。新加坡的各种族，包括印度人、华人、马来人等都有各自的小圈子。各民族之间有文化差异，如果这样的分化继续，不能融合的话，有可能会引发一些社会冲突。新加坡的发展还引发商业成本上升。现在该国的生产和劳动成本都非常高，生活费用更高得吓人。另外，新加坡的负债也开始增加。地缘政治方面的各种改变也会引发一些新问题。"总的来说，短期内，新加坡经济应该没有太大问题。但长期看，可能出现下滑。"

对于新加坡的未来发展策略，罗杰斯给出的建议是：应更注重与中国发展战略伙伴关系，而不是美国。"新加坡政府一直和美国走得较近，这有一定历史因素。李光耀在英国接受教育，比较亲英美。李光耀执政期间，美国经济发达，中国较为落后。虽然李光耀去世后，其政策会有一些延续，但相比和美国维持战略关系，新加坡接近中国会是一个更好的结果。"罗杰斯对我说，"显而易见，美国正在走下坡路，美国的经济、政治都存在很多问题，而且美国的很多制度并不适用于亚洲国家。而中国正在走上坡路。新加坡现在有很多美国驻军，事实上，新加坡应该让中国人到这里驻军。中国跟新加坡同根同源，如果新加坡出现任何问题，由中国保护它比美国要好得多。"

对于大洋洲国家的长期发展，罗杰斯并不看好。"澳大利亚应该发展得很好，但它并没有实现其经济潜力。这个国家的人口太少了。"在他眼里，新西兰是又一个闭关锁国、大举借债的国家。他在该国原材料领域还留了一些投资，其他许多投资都卖掉了。"现在，澳大利亚和新西兰的移民政策放松了一些，可能会帮助它们解决一些经济问题，但它们历史上总是入不敷出，大宗商品价格只要一下降，它们马上就捉襟见肘，这与政府治理有很大关系。"

罗杰斯预测，接下来的10年，世界将出现明显的两极分化趋势：债务危机会加速西方国家的衰退，而东方或亚洲国家将加速繁荣。亚洲国家人口虽然多，但没有那么高的负债。而且新加坡、韩国、中国的外汇储备和国库都较为充足。另外,亚洲国家中,年轻人口占比非常大,亚洲年轻人有很强的奋斗精神,想干一番事业,这是非常难得的劲头。"虽然亚洲也存在人口老龄化问题,但相对来说,速度没有欧洲快。像中国政府已经采取鼓励独生子女生育第二个孩子的政策。这能很好地缓解中国的劳动力问题。"

进一步讲,如果把世界分为六大区域——美国、欧洲、南美、非洲、南亚及东南亚(包括印度、马来西亚等)、东北亚(包括中国、俄罗斯部分地区、朝鲜、韩国和日本等),未来的10~20年,投资哪个区域潜力最大?罗杰斯脱口而出——东北亚。他强调,除日本之外,东北亚其他国家的前景一片大好。这片地域上,丰富的自然资源正在被开采或待开采,铁路和港口都已开放,发展所需的设施已存在,而且越来越完备。"东北亚地区还有一个独特的优势——该地区的政治家、领导人的规划和治理水平要大大优于南美、非洲等地区。"

当然,在罗杰斯眼中,无论是东北亚还是全球,没有任何一个国家的发展势头能超过中国。这个占世界1/5人口的国家正在走向繁荣,其巨大市场在发展中释放的能量和持续的时间,全世界没有任何一个经济体能企及。

如果未来 100 年，中国是发展势头最好的国家，那么第二好的国家是哪个？"这个问题很好，让我想一想。"罗杰斯沉思了几秒钟，然后告诉笔者，"我猜测，应该是俄罗斯。"

第五章
21世纪为什么是"中国的世纪"?

> 邓小平对中国经济转型的贡献是巨大的。在对整个经济运行和发展的理解上,他是一位知识巨人,他释放了中国人的创业精神。这种精神将使中国处于世界商业、产业和技术的前列。他应该获得"诺贝尔经济学奖"。
>
> ——吉姆·罗杰斯

第四天上午 11 点,罗杰斯结束锻炼回到屋里,开始吃保姆准备好的"早午餐":一份沙拉、一杯酸奶和一些坚果。此时,餐桌上已经摆好他每天必看的几份英文报纸:美国《华尔街日报》、英国《金融时报》、新加坡《海峡时报》。他需要每天获取来自世界的信息。这个在华尔街养成的习惯一直延续至今。

因为我的采访,他推迟了看报纸的时间。难得静下来,我抓紧问出最核心的问题:"您坚信 21 世纪是中国的世纪,具体依据是什么?只是凭三次穿越中国的直观感受吗?中国未来发展的挑战又是什么?"

"中国的食物总是让我难忘,我非常喜欢中国。我这辈子最大的遗憾,就是没有娶一个中国老婆。"罗杰斯把沙拉送进嘴里,不忘保持幽默,"但我并不会因为个人喜好去投资。如果不保持冷静的头脑,不能客观地观察和评估,就会做出错误的决定。"他说,"我对中国的信心可不是没有根据的空想。我不是只'认为'中国有价值,我是'的确知道'中国有价值,是事实让我对中国有信心。"

第一节 中国的优势与前途

"如果中国是一家大型企业,那么,不得不说它的基本面相当不错。"作为一贯谨慎的投资家,罗杰斯不仅从大势上预测中国的未来,更从细节和数据中反复求证。他的依据主要来自以下几方面。

第一,中国拥有大量资本用于扩张或投资。经济学原理的一个基本原则是:储蓄=投资。每个经济学原理课本里,都能找到这个内容。卡尔·马克思也认为,首先要做好资金储备,才能去建设国家和社会。不管时代怎么变,足够的储蓄都是个人和国家发展最重要的经济基础。"30年前,美国是债权国,现在是全球负债最多的国家,不仅是全球负债最多,而是全球有史以来负债最多的国家。相反,资金储备充裕,正是中国30年前一无所有,而现在应有尽有的主要原因。"

罗杰斯感叹,中国这个有13亿人口的大国,储蓄率高得惊人——即便在储蓄率有所下降的2015年,依然接近

50%。储蓄是非常好的习惯。有了这些钱,中国人就可以对未来进行投资,增强金融机构的实力与资本基础。在中国,存款是免税的。相反,美国政府对存款征税,不鼓励储蓄。20世纪90年代,美国的储蓄率只有4%,现在跌到只剩1%。

罗杰斯对中国经济的信心,还源于中国的产品大量用于出口,因此不会受到巨额外债的拖累。经过多年努力,中国获得了令人难以置信的贸易顺差。2015年增加55%,达到5950亿美元。截至2015年12月末,中国外汇储备为3.33万亿美元,超过日本成为最大的外汇储备国。20世纪90年代以来,数次地区性和全球性的金融危机充分展示了国际资本流动尤其是短期国际资本流动带来的巨大金融货币风险。而拥有大量外汇储备可以增强货币当局应对危机的能力。

"海外华人的资本力量也是中国的宝贵财富。"罗杰斯说,当中国很贫困时,一些人离开中国去海外发展,目前估计有6500万华人华侨居住在世界各地。数据显示,仅2000年,海外华人创造的GDP就达到450亿美元,与澳大利亚当年的GDP相差无几。泰国华人人口众多,估计掌握了该国85%的财富。① 在马来西亚、印度尼西亚和菲律宾,

---

① 吉姆·罗杰斯著,张俊生、曾亚敏译,《中国牛市》,中信出版社2008年版,第64页。

情况也类似。"这些人并没有忘根,随着自身资本实力日渐雄厚,以及中国的商机越来越多,他们及其后代开始带着资本、知识和经验回到中国,参与祖国建设,分享中国红利。"即便台湾当局曾多次提高企业对大陆投资的限制,数以千计的台湾企业还是如潮水般涌入大陆,拥抱这个无法抵挡的庞大市场。中国迅速消化了世界各地华人带来的知识,使这些资本大幅升值。

第二,中国企业开始爆发巨大潜力。"只有上市公司繁荣昌盛,股票交易所才能兴旺发达。中国蓬勃发展的重要原因还在于企业家精神的释放。中国众多的优秀公司刚刚开始释放潜力。"

罗杰斯表示,中国人是世界上最出色的商人,中国有漫长的经商历史。过去大多数时间,这个泱泱大国是创新与商业中心。宋朝的经济空前繁荣,煤、钢和军火工业得到长足发展。1078年,中国的产铁量是700年后英国的两倍。宋朝的都城开封是当时世界上第二大城市,人口将近50万,商业兴旺,店铺彻夜营业。当时的中国积极参与国际贸易,它制造的商船最多可载千余人。[①]清朝末年,中国走向衰落,

---

① 吉姆·罗杰斯著,凌建平、胡利平译,《风险投资家环球游记》,上海人民出版社2007年版,第45页。

历经战乱,饱经沧桑,经济跌入谷底。

"1978年,邓小平说,该换个做法了,改革开放再次释放了中国人的创业精神。季先生、养蜂人的智慧和勤奋代表了一个新的中国的灵魂。如今,中国商人正跻身世界上最优秀的企业家行列。"罗杰斯说,十多亿人口的庞大市场需要非常多的公司高效地生产和销售现代社会的必需品,规模之巨大世界上从未有过。人多地广使中国的新兴企业具有天然优势——做得足够大。当硅谷的管理者发誓要打造加利福尼亚最优秀的企业时,他们所谈到的范围要比中国任何一个省都小。对于中国企业的管理层而言,计划拥有10万员工或100万消费者这样的大计划并非痴人说梦。中国大概有4.7亿人属于中产阶层,比美国全国的人口还要多。他们对优质生活的渴望在增强,能买得起汽车和公寓,拥有强大的消费能力。

从如此巨大的消费市场获得红利的不仅仅是西方企业。与外国企业合资20多年的经验,帮助中国企业跃升到竞争对手前面。"在21世纪,没有人不用中国制造的东西。中国已经成为世界上最重要的制造中心。虽然中国制造一度被认为低劣粗糙、模仿西方,但要知道,20世纪70年代,大家对日本制造也是这样评价的。二三十年后,日本制造已不可同日而语。这样的改变同样会发生在中国。"罗杰斯说，中国的领土面积是日本的25倍，中国人具有渴望创新的激情，而日本可能已经丧失了这些品质。中国人明白，如果真的想获得长久的市场份额，想长久地在别人心里留下好印象，就必须提供高质量的产品。否则消费者用过一次后就不会再用。也就是说，如果靠价格优势，只能持续一段时间。如今，中国已经从生产钱包、服装和玩具等传统出口商品向高价值、精密产品转移。近年，中国提出"中国制造2025"计划，全面提升中国制造的品质，"这是满足世界需求的升级版，中国在做一件正确的事"。资本充裕的中国企业还在全世界收购优良的品牌和资产，"英国、美国在崛起时，企业也做了同样的事。这个过程中，一些公司可能会遭遇失败甚至很大的失败，但仍然可以学到很多东西。对于中国企业来说，这是一件令人兴奋的事"。

罗杰斯注意到，最近几年，在中国政府的倡导下，新一轮创新创业大潮再次袭来。中国开始出现专业的风险投资机构，以帮助初创公司发展。"这种创业精神会加速并进一步巩固中国在21世纪成为世界上最重要国家的地位。当然，越多的人去创业，意味着会有更多人失败。不用担心，创业本来就是这样。英语中有一句谚语：爱过然后失去，比从来没有爱过要好。同理，创业失败了，比没有创过业好。"他对我说，在社会发生大变革的时期，比如移动互联网时代,总会有一些企业没办法很好地适应,被潮流甩开。而有些企业则能赶上这班车,发展得更好。"整个世界之所以进步,就是靠这些有创新能力、适应能力,甚至在别人看来有些反传统的人的创新精神。"

他认为,企业繁荣的实质,是中国人勤奋刻苦的品质以及一直希望能创造些什么的事业心。在中国很多企业,CEO们都在加班加点,一周工作6天很正常。努力工作已经成为一种习惯。他们很好地学习了全世界在创业和资本方面的知识。"创业精神是在中国人骨子里、基因里的。中国发明了冶铁、烟火、针灸、指南针……现在,这种创新传统正在复兴。中国创新的'发动机'才刚刚启动。"

第三,领导人制度优越。"中国之所以能成为过去30年最成功的国家,一个极其重要的原因是,中国有卓越的国家领导人,他们都欢迎并鼓励改变。"罗杰斯表示,中国政府每5年自动换届,很少有哪位领袖连任两届以上,这就不可能是独裁政权。中国的政治家要经历非常多历练才能到达最高点。他们必须接受审查,从地方、省开始锻炼,花30~40年时间按部就班地逐级排名。中国共产党有数千万成员,总书记人选更要准备多年,必须证明自己的能力,且获得大家一致通过方能当选。"在某些方面,这种选拔方式优于美国。在美国,但凡有点钱的人,也许仅仅是有着不错的衣着和发型,在电视上很上镜,发表一番煽情的演讲,就可能当选总统。而在中国,这一套行不通,没有捷径可走。""我并不是说这是最好的制度,但我敢肯定这一制度在中国管用。这个国家的成功以此为证。"①

罗杰斯认为,中国的发展成绩充分证明,中国现行体制和领导人的决策是成功的。1978年的中共十一届三中全会上,邓小平做出实施改革开放的重大决策。在过去30多年中,这不仅是中国也是世界上最为重要的经济事件。"邓小平对中国经济体系转型的贡献是巨大的。在对整个经济运行和发展的理解上,他是一位知识巨人,他释放了中国人的创业精神。这种精神将使中国处于世界商业、产业和技术的前列。邓小平应该获得'诺贝尔经济学奖'。自设立之日开始,这一奖项很少颁给亚洲人,基本都被欧美人霸占了。"

他说,之后的中国领导人也继承了邓小平对外开放的理念。2001年,中国加入世界贸易组织(WTO),影响十分深远。2013年中国共产党十八届三中全会提出,要使市场在资源配置中起决定性作用。"这次会议可能是未来10

---

① 吉姆·罗杰斯著,杨青译,《街头智慧》,机械工业出版社2015年版,第169页。

年或 20 年内，影响中国甚至世界经济最重大的事件之一。'让市场决定'的态度，是在经济发展'不确定阶段'提出的。这说明，中国政府现在比西方政府更多地按照市场规律来思考问题。希望美国和欧洲也能认识到，市场比官僚更聪明。"

20 世纪 90 年代，罗杰斯在中国旅行期间，曾在电视上看到时任中国总理朱镕基到哈佛大学商学院演讲。他在游记中写道："听众中有人举手问：你会不会使中国的货币贬值？朱镕基回答：人民币不会贬值。如果你真的认为人民币会贬值的话，我建议你买人民币的看跌期权。""买看跌期权是一种极其复杂的趁危赚钱的手法。讲这番话的是中国的总理、中国经济的掌门人，而不是他手下的财政部部长、央行行长或证券交易所主席。他非常懂货币和复杂的金融知识。"

"虽然中国也存在一些腐败现象，但这是人类特有的，无论是中国、非洲还是美国都存在，但中国采取坚决严惩腐败的政策在世界上很少见。"罗杰斯说，习近平主席领导的中国新一届政府正在大刀阔斧、全面深远地解决腐败问题。许多政府官员入狱，不仅仅涉及本届政府，还包括上一届政府官员。"看一看美国吧，很少有官员在过去十年内蹲过监狱，尽管他们存在严重腐败问题。中国在反腐方面肯定比美国、欧洲做得好。"

罗杰斯感慨,过去 30 年,中国努力以一种流血最少、回报最大的方式实施社会改革。人口的重新流动与资金资源的重新配置是在没有出现重大牺牲、重大动乱,甚至没有出现失控的通货膨胀的情况下实现的。"管理这些变化的人士显示出惊人的智慧。"①

第四,从失败中再创辉煌的特质。"展望中国的未来,需要审视它的历史。在世界历史上,中国是唯一一个曾经有过多次辉煌的国家。"罗杰斯对我说,美国也有类似"富不过三代"的说法。这种说法不仅适用于家庭,同样适用于国家。历史从不眷顾不可一世的帝国,一个又一个强权在政治上、经济上、文化上主宰着世界,然后走下坡路,继而衰落,这一幕在英国、西班牙都曾上演,也曾发生在希腊、埃及和罗马,现在的美国正在经历。不同之处在于,这些国家都只辉煌一次就没落了,而中国总是能打破这一怪圈。"历史上,中国有 3 到 4 次站在世界顶峰。虽然每次中国达到顶峰后没有持续太久,就跌落下来。但奇怪的是,每次经济垮台后,经过几百年发展,它会慢慢地又从

---

① 吉姆·罗杰斯著,张俊生、曾亚敏译,《中国牛市》,中信出版社 2008 年版,第 45 页。

平地上爬起来，再次创造辉煌。目前，没有任何国家有过这种经历。"

中国人为什么具有从失败中再度成功的奇妙特质？罗杰斯很难给出答案。但他认为，有一点中国与其他国家不同——纵观中国历史，这个辉煌的文化强调的重点始终是教育。儒家思想给予教师和学者极大尊重。即便今天，还能看到几百年前皇帝为表彰在科举考试中胜出的学子而主持建立的牌匾。在孔子诞生地山东曲阜，树立着许多颂扬智者的石碑，如同其他社会颂扬英勇的战士一样。

"对于中国为何总是能东山再起，我仍没有找到确切的答案。我不懂是因为中国的儒家文化好，还是中国人的基因好，抑或中国的水和空气比较好。可能有很多综合因素造就了中国人的这种特质。"罗杰斯对笔者说，"可以肯定，既然类似事件在中国历史上曾发生过多次，那么，这一次，还将发生。经历百年衰落后，中国将在21世纪重新走向辉煌。"

第二节　中国的挑战与风险

尽管罗杰斯毫不怀疑中国的光明前景，但也不回避中国存在的潜在挑战与风险。中国出问题的方式可能和它的人口一样多。他很喜欢中文"危机"这个词，它由两个字组成，"危"表示"风险"，"机"代表"机会"。"中国注定要面对挫折，可能是周期性的困难，也可能是突发性的威胁。作为一名投资者，我最需要审视的是可能出现潜在风险的地方——通常这些挑战恰好为投资提供了机会。"

罗杰斯认为，中国面临的挑战与风险来自以下几方面。

第一，开始负债。对于近几年中国经济增长放缓，他并不担忧。因为，一方面，中国最大的贸易伙伴之一日本处于衰退期，许多欧盟国家经济下滑，美国经济也在减缓。"如果搭档正在降低发展速度，那么中国势必也会受到影响。何况，任何经济体的增长都不可能一直保持高速。"另一方面，中国经济快速发展了30年，现在经历一段时间低谷，是很正常的。"一旦中国从现在的低谷走出来，经济会增长得非常快。当然，在这期间，如果世界经济出现问题，中国经济在跳出这个低谷之前，会放缓得更慢一些。"

"我真正担心的是，中国在某些领域的高额债务。在经济放缓期间，中国尤其要防范举债过多。"他说，过去几年，中国一些省份和公司已经债台高筑，中国的举债额超过它此前30年的水平。笔者查询了一些机构公布的中国负债数据。如根据中国社科院测算，2008—2012年，中国地方政府负债占GDP的比重从17.7%上升至24.5%；企业负债占GDP的比重从95%上升至125%，企业债务增速是地方政府的4.4倍。另据国际清算银行（BIS）的统计数据，从1996年以来，中国实体经济债务总额逐年上升，截至2015年9月末，中国非金融部门债务总额达165.73万亿元，比2008年增加了2.53倍，年均复合增长20.57%。①

一些中国专家分析认为，中国企业部门债务高企的成因有几方面：一是此前中国经济一直处于迅速发展阶段，需要大量资金；二是2012年以来中国股市融资功能不足，主要还是靠债权融资；三是2009年中国应对世界金融危机采取了大量刺激措施，很多沿海企业当时被鼓励申请大量银行贷款，这些贷款并无太大实际需求，但近期的偿还却带来巨大压力，甚至导致许多企业破产倒闭；四是存在经济周期性过热和行业性过热，导致投资过度；五是城镇化与经济转型期，需要大量投资，许多企业融资参与相关建设；六是地方政府缺乏足够的正常融资渠道，缺乏现代规范的融资制度设计，部分国有企业尤其是地方国有企业承

---

① 姚余栋、金海年主编，《中国债务如何走出高杠杆陷阱》，中信出版社2016年版，第28页。

担了地方政府的融资功能。①

"很多人觉得借钱很容易,这会产生越来越多不良贷款。当经济增速放缓时,那些举债过多的人会处境艰难,甚至破产。最近一些中国公司开始违约,将来可能会更多,一定会有人遭殃。"罗杰斯强调,"所以,一定要小心,不要借钱,也不要轻易借钱给别人。"

罗杰斯认为,即便存在负债,也不代表中国经济出现严重问题。2016年,当美国评级机构穆迪将中国主权评级从稳定下调到负面的新闻引发热议时,笔者询问了罗杰斯的态度。"这是一个古怪的想法。首先,穆迪从来没有对任何事情做过完全正确的判断。2008年穆迪曾经给出AAA评级的债权,后来都成了垃圾债券。那时穆迪就已经失去公信力。"罗杰斯说,"穆迪称美国经济是世界上最高质量的经济体系、世界上最可信的借贷方。但实际上,美国其实是目前世界上、历史上所有国家中最大的借债国,它的债务每天与日俱增。"

罗杰斯进一步解释道:"是的,中国过去几年的确产生了一些债务,这是之前没有过的,所以下一次,当世界发

---

① 姚余栋、金海年主编,《中国债务如何走出高杠杆陷阱》,中信出版社2016年版,第151页。

生经济问题或金融危机时,中国同样会受到影响。但是,其他国家包括美国、日本、西班牙、意大利的债务问题比中国更严重、更恶劣。当西方国家的经济出现问题时,总是喜欢找一些人来责怪,而他们责怪的对象通常是中国。但实际上,他们才是始作俑者,中国只是受害者。同时,穆迪会有比中国更严重的问题——他们将会失去公信度。因为人们将越来越认识到穆迪其实什么都不知道。事实上,仅仅通过一些数据去判断一个国家的发展前景很不客观,应该综合考虑更多因素。"

罗杰斯说,在过去的 10 到 15 年,西方不断有人写书,预测中国经济将会崩溃。但事实如何?接下来的两三年,美国、欧洲、日本、韩国、俄罗斯等很多和中国贸易关系密切的国家,都可能发生经济问题,整个世界都会出现硬着陆的可能,这不可避免地会影响到中国的某些人。特别是那些有债务问题的中国公司。"但是,中国其他大部分地方,经济还是会继续腾飞,不管这个世界的问题是什么。"

罗杰斯再次向我强调:"中国是存在一些问题,但全世界都有问题;会有中国人破产,但西方会有更多人破产。一个重要的事实是,中国仍是亚洲最大的债权国。"

第二,新一轮金融危机将影响中国。罗杰斯预测,距离 2008 年金融危机 9 年之后,席卷世界的新一轮金融危机即将到来。"这场源于美国的危机将是人们有生以来遭遇的最严重危机。而这次,中国不太可能像前几次那样幸免。因为中国越来越全球化,而且举债更高。"

罗杰斯表示,金融危机的爆发有一定规律,通常每隔7~8年就会发生一次,一旦美元进入加息周期,大都会引发全球性的金融危机。"这场危机2017年就可能发生,在一些地区已经开始了,比如日本、欧洲部分国家以及美国。这次危机可能比过去几次持续的时间更长,也许不止5年。"

他说,和以往一样,本轮金融危机的表现是:股市崩溃、货币市场不断波动、失业率上升、世界贫穷的情况加剧。唯一不同的是,这些问题会比前几次更糟糕。"好好盯着国际新闻,从窗外望出去,你会看到它来了。也许对财经记者来说,这是一个好消息,因为不管危机有多严重、多糟糕,你总要报道它。"罗杰斯告诉笔者,这轮席卷全球的危机根源在美国。美国是世界上最大的债务国,没什么外汇储备。2008年金融危机时美国已积累太多债务,美国央行及美国政府的债务不断膨胀,无法偿还。这个问题并没有得到解决,反而更为严重。因为,现在每个人的债务都比上次更多。而且这些年来,美国一直在搞量化宽松,鼓励投资者和个人进行投资和消费,导致举债更多。

"中国在过去的25年中,从来没有过经济萧条的情况出现,欧美多次金融危机并未对中国造成太大影响。这对世界任何一个国家来说,都是非常不同的特例。"罗杰斯认为这主要因为以前中国没有多少债务。2008年,中国未雨绸缪,准备了大量资金以备过冬,中国帮助世界拯救了经济危机。但是现在,情况发生了变化,中国的债务问题越来越严重,而且中国越来越全球化。所以,在新一轮金融危机中,中国不可避免地会受到影响。"当然,中国的债务不像美国、欧洲那么高,而且还有惊人的外汇储备,受到的冲击不会比欧美大。如果中国能渡过这一难关,这次崛起会持续很多年。"

"可以确定的是,金融危机一定会持续一段时间。不确定的是,各国政府将会采取什么措施来应对它。"罗杰斯认为,这个世界最好的运作方式是:有人犯错,然后破产,有能力的人把可用资产拿走,从某个地方重新开始,发展到理应达到的高度,创造更多就业。不过,很多国家的政府会采取错误的措施——人们陷入困境,政府把资产拿去帮助那些没能力的人,并说:你用这些资产面对可能的失败吧,去和有能力的人竞争。结果,那些特别有能力的人就被拖了后腿。如果一直用有限的资产去支持失败的人,就没有足够资产去支持经济的真正发展。这只会让危机持续的时间更长。"这就好像,如果你想写本书,但你每周需要用两天时间去帮助不识字的人阅读,你的时间就被分散了。如果一个成功的企业,每个月必须拿出钱给那些做得不好的企业,就没办法达到它本来应该达到的高度。中国政府曾经说过,它们会让那些本应破产的企业破产,希望这是真的。这种做法虽然看起来比较残忍,却是正确的。"罗杰斯说。

"有些国家从来不让自己的人民破产,它们的经济从来没有复苏过。"罗杰斯举例称,20世纪90年代,日本"泡沫经济"破灭后,不良债券一直是困扰日本银行业、企业界乃至整个经济发展的顽疾。日本有很多僵尸企业、僵尸股票,但日本政府从来没有让这些公司或个人破产。接下来的2000年同样如此,所以日本经历了两个"迷失的十年",经济一直没有复苏。30年前,日本的股票市场指数比现在实际股票市场指数高出70%。直到现在,日本股市还是那么低迷。"21世纪,日本还会经历第三个'迷失的十年'。而现在,西方国家正在重蹈日本的覆辙。"

"相反,斯洛文尼亚曾让一些银行、公司破产。一开始很痛苦,但后来经济就慢慢恢复了。2008年冰岛经济崩盘,没人帮助它们,也自己复苏了。爱尔兰同样如此。但是,做到这点并不容易。"罗杰斯说,当问题出现时,所有人都希望被拯救,理所当然地认为政府应该帮助他。

现在有了手机和互联网,这样做更容易了。而且,很多政府官员只是纸上谈兵,不知道真实的情况。当有人求救时,他们总是认为不能坐视不管。这样的事已经重复了几千年。这就是日本迷失、欧洲和美国正在经历衰退的原因。所以,"我希望当问题出现时,那些濒临破产的中国企业在请求帮助时,政府会说不。希望政府会去帮助那些发展趋势更好的企业。如果能做到这点,中国经济会达到前所未有的高度"。

如果金融危机再次袭来,老百姓如何应对?罗杰斯的忠告是,首先,要有储蓄。如果有什么紧急事件,你总是需要用到储蓄。同时,不要欠那么多债务,不要透支去消费、投资。其次,如果投资,一定要把你的钱投在自己非常熟悉的领域,不要买根本不了解的股票,不要听其他人的建议,要确定你拿到的资产都是可信的、高质量的,比如美元、黄金。在汇率下跌时购买美元是不错的选择。罗杰斯告诉笔者:"事实上,我确实会买入美元。虽然我并不认为美元就是安全资产,但多数人都这么认为,所以美元会升值。当美元涨到高位时,就是抛售的时候。之后,可以在较低价位买入黄金。危机期间,股票、房地产等资产可能会出现价格大幅下跌,如果你能真正抄到底的话,也是投资的好机会。"罗杰斯说:"回顾历史,在货币疲弱或者震荡不稳时期，商品或不动产通常具有保护作用，不过即将到来的金融危机会发生怎样的状况，难以预料。"

第三，潜在的地区冲突和被迫卷入战争的风险。罗杰斯认为，在未来150年内，中国和周边国家的关系有时会面临紧张，甚至可能被迫卷入战争。尤其在中国变得非常强大后，要承担世界性角色。从经验看，每次出现原材料争夺和自然资源匮乏，世界上都会出现冲突和战争。现在就面临着这样的局面，中国和美国都是最需要原材料的国家。从历史来看，不管冲突或战争多么荒谬，它总是不可避免。

"如果一个强国处在停滞发展状态，一个新兴国家有超越它迹象的时候，通常会有不好的事情发生。美国不愿看到中国强大，一定会采取措施对付中国。也许，在人性里，任何一个人当老大后，都不愿意看到别人突然强大起来，抢走自己的地位。"罗杰斯对笔者说，英国当初不愿看到美国强大，做了很多事。美国不愿看到苏联强大，也做了很多事。所以，中国如果按照这样的速度发展起来，美国可能会持续地采取各种各样的措施对付中国。"虽然美国不应该这样做，这是非常错误、非常疯狂的，但是历史的车轮和人性的弱点，没法挡住这样的态势。不过，苏联的命运不代表中国。苏联的政体和经济局势跟当下的中国完全没有可比性。当初和美国对峙时，苏联在某种意义上输掉了战争。而中国可能会胜出，但希望没有什么大型冲突发生。"从个人意愿上来说，罗杰斯希望能打破这种历史规律，中、美两国联合起来，彼此变得更强，但极大的可能性是——不会。"历史上这样的事几乎从未发生过。"

罗杰斯表示，长期以来，冷战思维一直存留在一些人的头脑中。有种观点认为，新崛起的超级大国都会跃跃欲试，经济增长必然会刺激其称霸世界的野心。"一些人总是担心，中国强大后会不会用武力来获取中亚的石油，捍卫其他重要资源的供应链，或是与衰退的美国发生冲突。但是，中国根本不需要战争。和欧洲、美国比起来，中国并不好战。"他说，从历史来看，中国一直不是一个有侵略性的民族。中国发生过很多内战，曾自相残杀，但中国很少发生出去侵略别国的迹象。在过去的几百年中，中国都是被迫卷入战争，饱受战争摧残，而不是主动向其他国家宣战。中国是一个多民族、内向型国家，一直忙于国内事务而无暇去别处找麻烦。"中国人比欧洲人早几个世纪发明了火药，然而他们并没有用火药制造可怕的武器，而是用来生产爆竹。他们的船只和航海技术要比欧洲先进得多，可他们从未想过要侵占别国的领土或建立殖民地。15世纪，中国的探险家郑和驾驶着比哥伦布的船大两倍的船只远航，到达了世界大多数地方，然而他从未吞并任何领土。"①

"正因如此，非洲人更希望中国人去投资，而不是美国人。因为美国人、英国人、法国人当初去非洲时，拿走了自己需要的东西，还对当地人指手画脚，干涉非洲国家的内政。而中国人去非洲援建项目，对当地人的生活没有任何深度影响，也没有意愿去影响这些国家。"罗杰斯表示，未来，中国更不愿意卷入战争。一是因为中国希望继续发展，不希望出现人为阻碍经济发展的事件。二是，中国实施独生子女政策，大多数家庭只有一个孩子。人们更不愿意把自己唯一的孩子送上战场。所以，主观上，中国是不愿意发动战争的。

对于中国国内存在的一些不稳定因素，比如"台独""港独""疆独"，罗杰斯认为，这些问题不会对中国的长远发展产生很大影响。中国内地与香港、台湾的关系会越来越密切。中国台湾已经成为亚洲第五大经济体，两岸都不愿发生对峙——很明显，台湾与大陆的经济日益变得相互依赖。"台湾有权势的商业领导人将是推动两岸和平的重要力量。他们比其他人更清楚，与大陆关系不好只会阻

---

① 吉姆·罗杰斯著，张俊生、曾亚敏译，《中国牛市》，中信出版社2008年版，第31页。

碍台湾发挥潜能。如果人民币能自由兑换，在香港流通，会更促进香港与内地一体化的进程。"新疆的恐怖事件未来也许还会发生，但我对中国的信心不会因为这些小事而改变。比起那些关于战争的悲观言论，我更相信现实的经济学。"

第四，水资源短缺及环境污染。"我们已经发现了敌人，那就是我们自己。"在罗杰斯眼中，会给中国的繁荣带来最大危险的，更多是中国的内部问题而不是外部问题。中国的生产力将受到资源的限制。钛、铁矿石和铜并不是取之不尽的。中国对煤炭的依赖性很强，很多城市空气质量不合格。同时，优质的土地正在被化学物质污染，一些森林正在变成荒漠。最为重要的是，人类赖以生存的生命线——水资源面临较为严重的短缺。"中国将是21世纪最重要的国家。如果说什么会阻碍其成为事实的话，我最担心的是中国干旱地区面临的水资源匮乏问题。"

"一个国家可以从战乱、瘟疫、疾病、饥饿等灾难中恢复过来，但如果缺水，它很难劫后重生。历史上很多文明由于水资源的消失而消失，许多曾经辉煌的城市由于缺水而变成'鬼城'。"罗杰斯表示，中国70个主要的河流和湖泊已经受到不同程度的污染。中国北部拥有全国2/3的农用土地，但是其降雨量要低于世界平均水平8个百分点。很长一段时间,水被视为免费资源,中国的水价被人为定得很低,虽然近几年有了大幅提升,但不能解决根本问题。中国已经被联合国列入世界上人均拥水量最低的13个国家之一。据估计,到2030年,中国人均拥水量可能还要下降20%,达到国际上公认的"水荒"标准。中国600座城市中有60%的城市正在面临用水短缺。①

"好在中国政府深知水资源面临的挑战,而且投入了很多财力和精力来解决这个问题。"罗杰斯注意到,政府开始积极对一些水利公司实施私有化,同时对外国资本部分开放这一领域。当前中国有数量众多的国内外机构从事水供应研究、工程设计、废水回收处理。从2000年开始,中国政府开始出台一系列环境标准,与荒漠化和江河污染做斗争,并对企业与地方政府实施强制性要求。对几个关键性行业包括石化、纺织和造纸等实施用水限制。政府鼓励发展替代性能源,引进新一代水处理设备。

"中国的水资源问题目前还没有得到解决,但是已经取得不少进展。所以,我并没有因为中国面临缺水的挑战而卖空中国,反而有可能购买一些在中国进行水处理和水资

---

① 吉姆·罗杰斯著,张俊生、曾亚敏译,《中国牛市》,中信出版社2008年1月第1版,第40页。

源利用的公司的股票。那些拥有稳健的资产负债表、技术过硬的中外环保企业将会利用这个机会兴旺发达。"罗杰斯表示,"在未来的15年、20年、30年,如果没有看到中国已经解决或正在很好地解决水资源问题,我可能会卖空中国。不过,相信中国要解决水资源问题有很多办法,而且中国正在这样做。"

在罗杰斯看来,中国内部还面临许多其他挑战,比如,贫富差距扩大、房地产市场失衡、产能过剩、人力成本竞争优势丧失、老龄化导致社会保障体系压力增大、管理不完善与腐败问题、金融市场内幕交易,等等。"所幸,这些问题在中国政府内部政策争论中一直占据着重要位置。"

"我知道中国会遇到问题,这不可避免。这些挫折、障碍,是生活的一部分,也是世界的一部分。尽管中国面临的诸多挑战是实际存在的,中国的发展之路不会一帆风顺,但是不用担心,这并不影响中国必将到来的繁荣,中国一定会达到它应该达到的历史高度。"罗杰斯说,今天的中国正如20世纪初的美国。当时,美国遭遇了可怕的内战、刺杀总统、种族暴乱、劳工动荡与市民罢工、15次经济衰退、政府与商业腐败、外国人对美国没有任何同情心……尽管挑战布满了美国的成长道路,但美国还是在19世纪光荣崛起,在20世纪成为最成功的国家。"现在的中国和100年前的美国一样,正走在那条从低谷到高峰的曲线上,这一大势无法抵挡。"

"无论有什么风险,有一点是清楚的:把你的储蓄投在美国市场要比拿出少量资金投向中国市场的风险更大。不要放弃中国,不要对中国失去信心。不管中国经济的增长速度是9%还是3%,毫无疑问,中国将继续繁荣。我不会因为任何原因让我的女儿停止学习中文而去学丹麦语,不管是恐怖事件还是什么其他问题。"罗杰斯用非常肯定的语气对我说。

透过千年景深,走遍大千世界,跨越十年观察。在横向对比其他国家的发展前景、纵向比较中国的巨大变迁之后,罗杰斯终于在20世纪90年代末得出了一个著名论断:"如果说19世纪是英国的世纪,20世纪是美国的世纪,那么,21世纪就是中国的世纪。"

这位世界级投资大师十分确信:在他和女儿的有生之年,在可以预见的一个世纪,中国都将是世界上最大的"超级潜力股"。

于是,他对中国市场的掘金之旅开始了。

第六章
罗杰斯中国投资档案

很多人觉得农业是很糟糕的行业,但我对全球农业尤其是中国农业的前景非常看好。过去30年来,不仅是中国,全球的农业一直很低迷。对我来说,一些被糟蹋很久的事情,都值得被再次考虑。你现在做的最愚蠢的事,就是把农场卖掉,在城里买个房子。因为,中国的房地产市场正在降温,而农业则蒸蒸日上。

——吉姆·罗杰斯

第六章 | 罗杰斯中国投资档案

采访的第 5 天，罗杰斯从书房里拿出一个相框，展示给我看，里面装裱着一张崭新的凭证，十元纸币大小，上面印着几个字：中国工商银行累进利息，金融债券 1987，金额为 100 元。"这是我在中国买的第一只股票！我不知道这只股票增值了多少，反正我也没打算卖掉。有朝一日，它作为文物的价值可能比作为股票的价值还要高。它见证了一个事实：我是来中国购买股票的第一个外国人。"罗杰斯显得非常自豪与得意。

这只购于 1988 年的股票更像中国股市的纪念品，而罗杰斯第一次真正意义上对中国股市的投资始于 1999 年。他告诉笔者，从那以后，他对中国进行了三次较大规模的投资，分别集中在 2005 年、2008 年和 2013 年。每个买进时机，都是中国经济、股市出现重大震荡和变化的重要时刻。到目前为止，他从来没卖过这些中国股票。

至于具体购买了哪些公司的股票，罗杰斯不愿透露。

"不是因为我考虑到利益冲突,而是世界上有太多的盲从者。一旦我说了,其他人很快就会跟着买,但实际上有些人根本不知道为什么要买,这对他们来说并不好。我实在不鼓励这种行为。与其告诉你选择哪家公司的股票,不如告诉你选择股票的方法与选择时机的理由。"罗杰斯更愿意分享自己关注或投资的行业。在对的行业中寻找合适的公司,就像在浩瀚的海洋中,找到了定位的灯塔。

第一节 四次集中投资

第一次:1999年,抄底B股,运气使然

成立于1990年12月的上海证券交易所,在运行的前几年,市场增长蔚为壮观。不到一年时间,上证指数就从100点上涨到250点,1992年第一季度攀升到1200点。为满足越来越多外国人在中国投资的需要,1999年中国发行了新一类股票B股。政策刚出台时,外国人抢着买,B股一度上涨很快。但过了一段时间,不少外国人对中国市场失去信心。罗杰斯分析认为,主要原因是:有不少中国上市公司在筹集到资金后,开始大肆烧钱,企业高管把钱用来购买劳斯莱斯和法拉利,而不是更好地扩展企业经营。另外,一些政府扶持的信托投

资公司，筹集了数十亿美元用以开发中国人急需的基础设施，但这些信托资金贷出去的期限长而借进来的期限短。结果，一些借贷企业要么破产，要么由中国政府埋单。这进一步损害了中国企业的信誉。因此，很多外国投资者纷纷抛售 B 股。

1999 年 5 月，罗杰斯正好在第二次环球旅行期间来到中国。那时，B 股价格已经从历史高位下滑 85%。每股价格只有 20 美分左右。当时股民灰心丧气，怨声载道，根本不理睬 B 股。"这就是市场跌到底的信号。纯粹是运气，恰好让我赶上了。"于是，罗杰斯来到上海证券交易所，准备开一个股票交易账户，正式掘金中国。他惊奇地发现，十年前那座老旧的建筑已经不见了，取而代之的是全新的摩登大楼，交易设施非常现代。当时 B 股的选择并不多。经过深思熟虑，罗杰斯选定了十几家公司的股票，分别来自煤矿、橡胶、电器、玻璃、红酒、地产等行业。

选择这些行业是基于他对中国的长期观察。他首先排除有深厚计划经济残留烙印的公司，以及大型劳动密集型企业，因为它们不会有好的投资回报。这个清单里也没有一家高科技公司。他相信，从事基础行业的公司最能迎合当时中产阶层日益提高的对生活质量的需求。"对于那些满脑子只有亚马逊和美国在线的人来说，橡胶轮胎公司听上去有点滑稽。但是，如果你亲身驾车穿越广阔的中国，看到中国数不清的安装橡胶轮胎的卡车、轿车和摩托车，你一定会对这个行业充满信心。"此外，中国正在快速发展经济，煤炭等自然资源的需求量日益攀升，价格一定会上涨。1999年，罗杰斯发现中国已经出现高层玻璃建筑物，他预测玻璃行业未来也有很大市场。

买张裕的股票则有些偶然。这是他披露的为数不多的自己购买的股票。罗杰斯告诉笔者，他喜欢喝红酒，1999年来中国时，他到处寻找国外红酒没什么收获，却发现很多中国商店里都卖本土品牌张裕。他好奇地尝了尝，没想到品质如此高。他预测，这家公司未来会有很好的发展。"因为，全世界都一样，经济水平不断提高后，人们就会想去娱乐，想喝酒。"于是他尝试寻找这家公司是否有股票出售，当他发现真的有股票时，如获至宝，果断出手。

一年后，中国政府修改了法律，A股和B股的地位相当，中国股票市场随之上涨，B股也不例外。罗杰斯停止购买。他密切关注中国股市的变化，希望等到下一个股市低潮，再度出手。

第二次：2005年，和中国专家打嘴仗，不见底不出手

1991—2005年，中国资本市场的投资者从40万猛增到6700万。上市公司的数量从最初的12家迅速增长。截至 2006 年 9 月，沪、深两个交易所共有 1377 家上市公司，总市值达 4000 亿美元。这个年轻的市场除了活力之外，还存在诸多问题。罗杰斯认为，中国的投资机制滞后于国家的发展。比如，世界上平均有 14% 的股份不可流通（包括政府持有的股份、公司交叉持有的股份等），但在 2002 年，中国 78% 的上市公司属于这个范畴。当时中国的上市公司以国有企业为主体，一些不景气的国有企业没有清晰的价值观以及透明的会计制度。2001 年，中国国有股减持方案出台，当即引起市场 45% 的下跌。因为，每当有新计划浮出水面时，疑虑和焦急就会增加。投资者需要考虑，当新股的洪水得到释放时，该如何重新计算价值。2001—2004 年，中国两个交易所的交易量下跌约 30%。

2004 年，罗杰斯感觉中国人对股票市场开始产生失望和抵触情绪，但那种情绪还没有进入绝望期，也就是每个人都在抛售股票的阶段。所以，他认为，中国股市还没有跌到谷底，仍会继续下跌，一直跌到人们进入绝望期，股市才可能反弹。在当年的中国之行中，罗杰斯成为中央电视台一档谈话节目的嘉宾，他没有按主持人的计划展望中国股市的美妙前景，而是预言中国股市虽然自 2001 年以来一直处于熊市，但接下来的一年左右还会进一步下跌。这令其他嘉宾非常愤怒。"我后来听说制片人推迟播放那个片段。但当后来市场如我所预期的那样下跌及反弹时,他们最终还是播放了我的评论。"

罗杰斯告诉笔者,那次旅行中,他还在闭路电视上与上海商学院的学生进行交谈。当他发出类似的泄气言论后,一位教授谴责他试图单方面操纵中国市场。

2005年,当中国的市场管理者和政府官员都发出绝望言论时,罗杰斯判断,情况不会再糟糕下去了。当年,中国政府决定实施具有决定意义的改革,国家持股比重较高的企业必须通过发行自家股票的方式补偿公共股东。这一利好消息传出后,罗杰斯预测中国股市即将触底反弹,他抓紧时机大量买入中国股票,股票类别与1999年大体相同。"我不大记得投资了什么新的领域。至少在2005年并没有很多选择。"

罗杰斯出手后不久,中国股市在3个月内蹿升40%。上证指数从2005年的1000点一路跃升到2007年5月的4000点。到2006年中期,国有股比例下降到50%以下。同样,当股票价格进入快速上涨曲线后,罗杰斯停止买入。他只在谷底出手。

第三次:2008年,泡沫破灭,时机再现

2007年,中国股市拥入数以百万计的新股民,资本市场一片欣欣向荣,牛气冲天,好像每个人都对股票疯狂地喜欢。"如果你的每个同事、家人都开始谈论并购买股票,你就必须卖掉了。"罗杰斯预感,中国股市即将进入泡沫期。

果然,2008年,整个中国股市垮掉。从2007年10月的6124点到2008年10月的最低点1664点,中国股市经历了前所未有的降速过程。不到一年,跌幅超过72%。罗杰斯终于又等到出手时机。2008年10月,他在市场最低迷时大量吸纳中国股票,其中包括张裕。

这次,罗杰斯买入股票的价格比中国境内更便宜。那时,中国股票已在很多境外市场交易了,外国人不仅能在中国内地买到中国股票,也可以在香港买到H股,在新加坡买S股。罗杰斯发现,同一家中国公司的股票在境外市场的价格,要比A股低。"就像同一件衣服在不同的商店销售,我肯定去卖得便宜的那家去买。"

第四次:2013年,跟随政策的脚步

2008年之后,中国股市长期低迷。到2013年,美国、欧洲、日本等发达经济体市场大丰收,日经指数全年上涨57%。而中国股市熊冠全球,全亚洲表现最差。当年,上证综指下跌6.75%,深成指下跌10.91%。

正是这一年,中国发生了一个举世瞩目的经济大事件。

11月,中共十八届三中全会召开。会议宣布要让"市场在资源配置中起决定性作用"。罗杰斯据此认为,这次会议是中国过去35年经济发展中最重要的三个节点之一。第一次是1978年,邓小平在中共十一届三中全会上宣布实行改革开放;第二次是1993年的中共十四届三中全会,锁定市场化改革,最终让中国加入世界贸易组织(WTO)。

"十八届三中全会对市场地位的确认意味着,中国认识到,要想获得经济发展,市场是最终的决定因素。美国政客总是感觉自己比市场更聪明,这就是为什么美国经济在衰退,而中国经济在增长。"罗杰斯坚信,这次会议必将提振股市信心,从长期看,将为中国经济增长注入强大动力。于是,他在会议结束后果断出手。这一次,罗杰斯选购股票的范围大大扩展,依据的正是中国政府将重点发展的多个行业,包括农业、旅游、金融,等等。"中国政府拥有丰厚的资金,如果它们要把钱投资到那些领域,我也要这么做。"

第五次:2015年,股灾正是抄底时

除上述四次大规模投资,2015年罗杰斯也抄了一把底。受政策利好等多重因素影响,2014年7月,中国股市打破多年沉寂,开始形势喜人地上涨。2014年11月进入疯牛期,

7个月内上证综指暴涨110%，A股一时成为造富之地，吸引大批新股民入市。物极必反的规律再次发挥威力。这一疯涨趋势在2015年6月15日戛然而止，从这天开始的四周内，上证综指突然急转直下，暴跌35%，下挫近1500点，A股市值蒸发15万亿元。2015年7月2日，82.6%的A股股票跌幅超过30%，跌幅50%以上的股票占比19.23%。坊间称之为"股灾"。

2015年"股灾"期间，笔者恰好在新加坡采访罗杰斯，于是问他这次是否出手。他笑着说："如果不是在回答你的问题，我现在应该正在电脑上买中国股票。"毫无悬念，他再次抄底。罗杰斯对很多股票设置了心理价位，一旦到了这个价位，系统会自动买进。不过，对于这次购买股票的规模是否与前几次相当，是否属于又一次集中大量买入，他并没有给笔者确定的回应。

但罗杰斯确定的是，从1999年第一次购买中国股票到现在，他没有卖过任何一只。这些股票到底涨了多少倍？笔者从公开渠道查找到张裕公司的股票价格。数据显示，1999年，张裕B股每股不到3港币。2010年，价格为104.6港币，十年上涨近40倍。但2012年后，该股票断崖式下跌，截至2017年5月，每股只有20港币。跌幅这么大，罗杰斯现在真的还持有这只股票吗？"我不知道它的涨跌，也不关注。我对市场涨跌短期上的判断不是那么强势。我只知道,如果你 1913 年在纽约买了股票,1917 年把它卖了,当时可能看着很聪明,但到 2007 年,就会发现这个决定并不明智。除非我是傻子,才会卖掉。"罗杰斯如此回应笔者。

"不管中国股票短期之内是跌是涨,我都会一直持有,我要把它们作为礼物留给我的女儿。"他表示,在美国发展初期,如果父辈买了股票留给孩子,那么,当美国经济蓬勃增长时,这些孩子就会变成大富翁。"中国是 21 世纪最有潜力的国家,当我的孩子长大后就会发现,父亲买的所有中国股票都已经大涨。"

第二节 当前重点投资领域

罗杰斯当前在中国的投资,主要依据 2013 年的投资计划。他在多次公开演讲中,都向观众展示了同一张表格。"这张表随便什么人都能获得,这是 2013 年十八届三中全会期间,中国政府强调将重点投资的领域,包括农业、旅游、金融、环保、医药、教育、文化等。我最近一次股票投资几乎都是来自这些行业中表现稳健的企业。随着中国经济的持续增长,这些公司的股价将继续上扬。"

笔者发现，早在罗杰斯 2007 年出版的《中国牛市》一书中，他就详细介绍了上述很多行业的未来前景以及他重点关注的公司。也就是说，2007 年罗杰斯预测的中国将迎来重大发展潜力的行业，与 2013 年中国政府透露将重点发展的领域惊人的吻合。可见，他对中国经济和社会的研究与洞察，并非一日之功，早已成竹在胸。

罗杰斯在其著作、演讲及与笔者的访谈中，反复阐述了看好以下行业的原因。总的原则是：这些行业的股票价格处于低位，但整个行业正在发生向好的转变。

一、农业

"很多人觉得农业是很糟糕的行业，但我对全球农业尤其是中国农业的前景非常看好。过去 30 年来，不仅是中国，全球的农业一直很低迷。对我来说，一些被糟蹋很久的事情，都值得被再次考虑。更重要的是，农业现在正在改变，处于快速提升状态。"

罗杰斯表示，全球的农业都面临生产库存不足、农民数量急剧减少、缺乏年轻劳动力等问题。现在美国农民的平均年龄是 58 岁，日本是 66 岁，澳大利亚为 58 岁。在英国，自杀率最高的行业是农业。过去 10 年，美国研究公共关系的人比研究农业的人还要多。"这是噩梦,没人想当农民。农业必须吸引更多的资本和劳动力,否则将来人们就会缺乏最基本的生存必需品——食物。"

"35年来,北京、上海这样的中国大城市发展得非常快,但农村的生活水平没有得到很大提高,农村人口没有享受到更多发展成果。"罗杰斯说,中共十八届三中全会提到,要确保农村快速发展。中国政府已经出台一系列刺激政策,会投入很多资金到农业领域,竭尽所能振兴农业,发展农村。伴随这些计划的落实,今后的二三十年,农民会变得非常富裕,"中国农民未来甚至会开着玛莎拉蒂跑车,农业将成为非常令人兴奋的行业"。

"中国政府有理由关注巨大的农村社会。"罗杰斯回顾道,20世纪80年代,中国的改革进程就是从这个关键领域开始的。改革让农民从低效率的公社中解脱出来,在家庭联产承包责任制下,中央政府允许农民从事私有生产并获得超额收益。这种激励制度很有效,使得1982年、1983年和1984年的粮食、棉花和其他农作物都大获丰收。政府还鼓励农民在其他与生活相关的领域进行创业,私有市场开始兴起。1987年,超过一半的农村经济来自非农业活动。农村增加的税收收入以及乡镇小企业的繁荣为基础设施建设提供了资金来源。自那以后,制造与服务部门开始腾飞。但是,受制于陈旧的设备和土地分割过小等原因,中国农村跟不上城市发展的步伐,城乡开始出现分化。18~40岁的农村青年大多离开土地去城市找工作。"尽管创业浪潮席卷全国,但中国农村的生产力仍相对较低,平均一个农民只有6.07亩耕地(美国农民的人均耕地面积是607亩)。一个中国农民创造的价值增加值只有美国农民的1/200。"①

"中国政府早已认识到农村发展落后的问题。自2004年开始,中国已有20个省取消了对谷物的所有税收。2006年,中央政府甚至采取了史无前例的行动,取消了自1958年就开始征收的农业税,它以各种形式在中国存在了2600年。"罗杰斯还观察到,中国政府积极推进农业研究资金的筹措以及高效灌溉系统、零售市场和电子商务系统的建立。这样的支持反过来将为私人投资者创造更多机会。

农业领域涉及面非常广,具体应对哪些环节进行投资呢?

首先,可以成为"新农民"。"如果有人在考虑找工作的话,可以朝农业方向考虑。比如学习一下怎么开拖拉机。

---

① 吉姆·罗杰斯著,张俊生、曾亚敏译,《中国牛市》,中信出版社2008年版,第148~149页。

当农民是很好的投资。但前提是，你要有足够的能力，还有充足的雨水。如果没有这两样，你一定会破产。我现在不是农民，因为我完全不知道如何种植，也没这个想法。所以我就买些土地，找一些靠谱的农民去耕作。"据罗杰斯介绍，在马来西亚、印度尼西亚等国，都有公司提供农用土地的买卖工作，你可以购买、经营和跟踪你的土地。如果棉花的市场不错，你可以投资巴基斯坦的棉花地，投资该国股票也是不错的选择，因为整个巴基斯坦的经济都会因此变好。"这就是现在成为农民的新方法。"

其次，投资那些生产农业必需品的公司。罗杰斯认为，每个国家经济的增长都是伴随对高卡路里食品需求的增加而提高的。西方食品的进入正在改变中国以蔬菜和稻米为主的饮食结构。这对农业部门是个巨大的机会。中国20世纪60年代的供给结构是：卡路里的摄入67%来自淀粉，来源于肉的不到4%，糖占1.3%。现在，中国居民的大米消耗量从37%下降到27%，肉和鱼类则比以前多了4倍。他表示，中国的肉产品很多来自小商贩，这意味着，那些能提供更有安全保障、更高质量产品的大企业将赢得更多市场。此外，中国到处可见麦当劳、肯德基，土豆的生产增长了40%，以满足炸薯条的大量需求。随着星巴克、必胜客的迅猛发展，奶酪和牛奶也会有更大市场份额。

再次，投资于提供农业服务的相关公司。"城镇居民为餐桌寻找高品质的食物，自然会使食品服务行业持续快速扩张。"罗杰斯举例称，中国喂养牲畜所需要的饲料从1978年的60万吨增长到20年之后的6300万吨。中国的饲料生产商在过去几年以每年15%的速度提高产量。中国已经成为地球上最大的大豆购买者。"大连商品期货交易所大豆合约的交易量比芝加哥交易所还要多。"

他还发现另一个趋势：中国的中产阶层开始和西方国家一样，需要更清洁更健康的食物。中国城市的市场中到处都是有机食品，上海甚至出现了全有机市场。那些能让基础农作物更健康的新型农业企业可获得税收减免。生产新型环保化肥的企业将从中受益。

罗杰斯表示，投资于生产上述任何产品的好公司，以及相关饲育公司、农用设备制造公司，甚至美国大豆出口企业等，都能从中国农业增长的巨大需求中获益。

二、旅游业

"所有人都渴望走出去，看看从未看过的，尝尝从未吃过的。中国十多亿人民将这种渴望埋在内心多年。随着收入的增加，更容易拿到护照和签证，终于有条件实现了。中国的旅游市场正呈现井喷式增长。"罗杰斯坚信，未来20年，旅游业将是中国发展潜力非常大的产业。

他回忆道，就在20多年前，中国的酒店根本不给房客钥匙。女服务员就像在病房四处巡逻的护士，一有客人回来就赶紧开门。同时，她们还时刻关注是否有不速之客进入。当时，中国还无法买到往返机票。当地人和外国人都得花数天时间，排长队到机场柜台买机票，返回的时候再重复花时间排队。如今，中国的航空、高速公路网络发达，高级酒店遍地都是，每天接待大量游客。

罗杰斯在《中国牛市》中进一步阐释道，中国政府近年来鼓励旅游业发展，希望其为"扩大内需"做出更重大贡献。现在，几乎所有中国人都不会放过春节、国庆节、中秋节、端午节等假期。每到"黄金周"，中国就会出现人潮大迁徙。由于中国领土热带地区较少，中国游客非常向往阳光和沙滩。富有的中国人已经不满足于三亚、泰国，而是拥向更遥远的法国尼斯、澳大利亚黄金海岸。中国人还喜欢参观美国的著名大学，考察以后如何把孩子送到那里读书。联合国世界旅游组织预计，到2035年，中国出境游的人数将位居世界之首。"现在的中国和20世纪80年代的日本情况类似。当时，日本人带着尼康相机，纷纷进军卢浮宫和金字塔。可是，那时的日本游客数量和现在的中国游客相比，真是小巫见大巫。毕竟，中国人口是日本的10倍多。"

"随着人民币升值，中国居民出境旅游的成本在降低。他们不仅走得越来越远，而且消费额越来越多。"不管是按单个旅客还是按单次旅行计算，中国游客花在购物上的金钱都多于来自欧洲、日本以及美国的游客。罗杰斯发现，在巴厘岛、里约热内卢、伦敦西区，不少奢侈品店、金饰店专门为中国消费者提供了中文说明书以及位置指示图，甚至还配有能说流利中文的导购。他对笔者说："而近几年，除了奢侈品，中国的中产阶层还开始购买高品质的生活用品，如日本的马桶盖和电饭锅。"

罗杰斯注意到，中国的国内游市场也将逐渐升温。中国境内的各种新型主题公园、动物园、温泉胜地、滑雪场、购物中心、博物馆、高尔夫球场，都在以惊人的速度增长。与此同时，中国也吸引了越来越多的外国游客。这对于出租车司机、双语导游以及旅游机构来说，都是巨大的利好消息。

"投资中国的旅游业股票，你最好选择与之相关的'一揽子交易'。"罗杰斯称，不仅中国的旅游机构、在线订票网站、航空公司、铁路公司、酒店、餐馆等，未来会赚得盆满钵满，甚至生产晕车片、防晒霜、行李箱和背包的厂家都能从中获益。值得一提的是,中国的航空业在全世界增长速度最快。所有飞机生产商和航空供应商都在抢夺中国订单。中国航空拥有良好的安全记录。"投资这些公司,你就能和他们一起分享中国旅游业的红利。"

三、金融业

"第二次世界大战之前,上海曾经是伦敦和纽约之外最重要的国际性金融中心。历史还会重演。"罗杰斯做出这一判断的依据很简单:美国已经是世界上举债最多的国家,欧洲也债台高筑,而中国是世界上最大的债权国。虽然,过去几年中国借债也很多,可能会引起一些问题,但它还是债权国,仍是世界经济发展的引擎。金融业在中国长期以来都较为封闭,但中国政府已经宣布会开放金融市场。"中国在金融领域没有任何理由不开放。现在已经不是 1905 年,不是 2005 年,是 2015 年。中国非常成功、非常独立,不需要向外国闭关。"罗杰斯向笔者表示,如果中国全方位开放金融市场,在 21 世纪之内,上海甚至有机会把伦敦和纽约甩在身后,成为世界上最重要的金融市场。

"我 1988 年来中国时,中国没什么银行,买东西都要用外汇券。可以说,30年前,中国几乎没有金融业。1999年,我在中国开设的第一个银行账户是在国有四大行开的。那真是一场噩梦,和这些大银行做事非常难。我经常听到人们对四大行吐槽,我不知道为什么这些银行现在还有业务,我真的觉得它们有点落伍了。"罗杰斯对笔者表示,这些大型国有银行是几十年前建立的,此前它们在中国有近乎垄断的地位,并没有与时俱进。不过,正是因为国有银行留下很多缺口,市场才会有更多机会。"今天,中国的互联网尤其是移动互联网非常发达,大部分金融业务会转移到互联网上。其他国家互联网金融行业的发展都没有中国快。不过,当一个东西增长太快、赚钱太容易的时候,有的人会变得贪婪,有的人会变得懒惰。所以,前景很光明,但是要谨慎。"

"如果中国确实能放开金融市场和对人民币的管制,中国的金融业将会是世界经济和中国经济中十分让人兴奋的一部分,针对金融领域的投资将获利丰厚。"罗杰斯对笔者说。

四、能源

"中国生产全世界50%的照相机、30%的空调和电视机、比例更高的纺织品和玩具。当这个世界工厂变成世界强国时，最关键的领域，也是最值得考虑投资的领域，一定是能源。因为，所有的生产都需要能源。"

"我第一次到中国时，看到很多家庭仍使用煤来取暖。中国习惯使用这种传统的燃料，但过度污染和低效的使用率使中国不堪重负。"罗杰斯说，"如今中国政府已要求大中型煤电企业安装直接脱硫设备，并开始关闭小型煤电厂来控制污染。清洁的煤电技术是值得关注的领域。"

另一种黑色物质对中国的未来也至关重要，那就是石油。他表示，由于中国境内可证实的石油储备量无法满足中国人的消费需求，中国正在积极与富油国、公司以及个人建立合作关系，并开始实施一系列海外并购活动，收购海外的石油和天然气油田。"随着中国外汇储备的不断增加，中国将有能力在未来几年为寻找石油花费更多。"

据罗杰斯观察，世界商品价格的急速攀升也迫使中国开始利用水能、核能、风能和太阳能。国际能源机构估算，为应对快速增长的电力需求，中国在2001—2030年间需要投资2万亿美元用于电力基础设施建设。这个数字占世界电力投资总量的1/5。[①] 水电项目是中国减少对煤炭和石油

[①] 吉姆·罗杰斯著，张俊生、曾亚敏译，《中国牛市》，中信出版社2008年版，第78页。

依赖计划的重要组成部分。不过，考虑到需要控制洪灾和灌溉农田，中国的水电发展仍有很长的路要走。"得益于中国西部广袤的沙漠、来自西伯利亚的强气流和风电农场的税收优惠，中国在风电领域有巨大潜力。"目前，中国涡轮机制造商在技术和规模方面仍落后于欧洲竞争对手。如果这些公司迎头赶上，它们可能成为世界上风电部门最盈利的企业。罗杰斯认为，中国在太阳能领域具有天然优势。中国 2/3 以上的陆地面积每年接受超过 2000 小时的太阳照射，比同纬度的许多地区都要高。中国已经在西部农村城镇大量投资建设太阳能电厂。

不只是上述新能源企业，罗杰斯建议也要关注那些提供能源专业技能的国际公司，它们将为中国建造核电厂、煤炭公司、太阳能、风涡轮的新兴企业提供技术支持。

五、医疗

"在中国人眼中，没有什么比长寿更重要了。长寿能带来智慧、尊重和子孙的祝福。"罗杰斯说，自 1949 年后，流动的"医疗卫生队"把卫生保健带到了很多医疗条件落后的偏远地区。仅仅过了 30 年，中国人的人均寿命就增长到 70 岁。但中国的现代卫生保健体系的建立才刚开始。2003年,令人胆战心惊的"非典"病毒让中国花费约363亿美元。此后,中国政府承诺将花大力气提高疾病控制能力。

罗杰斯认为,未来,中国的人口老龄化问题非常值得关注。2020年,中国将有1.7亿60岁以上老人和大量慢性病患者。国家将提高医疗补贴,并为农村居民支付少量医疗费用。与此同时,政府将积极鼓励更多私人投资进入医疗卫生行业,并为那些帮助改善全国医疗卫生体系效率的企业提供税收优惠。在许多医疗条件较为落后的地区,对医疗设备的需求正以两位数的速度增长。

所有这些都预示着,中国的个人和社会医疗保健成本会提高得更快。罗杰斯相信,新兴的医疗卫生提供者将会从中获益,投资者亦如此。

六、文化产业

随着中国经济黄金期的到来,一度衰落的中国文化也将走向繁荣。"过去两百年西方文化主导世界,但在未来一百年里,中国文化将在世界舞台上大放异彩。中国有5000年悠久文化,这是发展文化产业最重要的基础。在这方面,没有哪个国家能与中国抗衡。"罗杰斯对笔者说,随着中国经济不断繁荣，13亿人对精神文化产品的需求会越来越大。文化消费将成为人们不可或缺的一部分。

美国不仅是世界第一大经济体，也是文化产业头号强国。文化产业占GDP的10%左右。在罗杰斯看来，美国文化产业的成功，很大程度上取决于经济的成功。"如果美国是个贫穷的国家，就不会有那么多人学英语，到美国去。同样，中国如果还很贫困，也没有人愿意来。但现在中国国力增强，越来越多外国人开始学习中文，到中国旅行，了解中国文化。20年前中文只是限于中国国内使用的语言，现在孔子学院已经遍及世界各地。这都会不断产生新的市场需求。"他告诉笔者，如果中国的唱片、影视制作等，都能充分地利用中国文化元素，中国的文化创意产业一定会得到非常好的发展。"与中国文化有关的人才会快速成长并获得成功，不管你是一位好歌手、好演员、好舞蹈家，还是电影制片人、剧作家。"

罗杰斯的上述判断有一系列政策依据：中国政府近年来提出振兴文化产业，加大对文化产业的扶持力度，希望提升文化软实力，进而提升中国在全球的影响力。根据"十三五"规划，2020年，文化产业将成为国民经济的支柱产业，占GDP的5%以上。为推进这一进程，中国政府正在实行商标管理，加大知识产权保护力度，希望中国文化产业每年以 20% 的速度增长，社会资本与国际资本也将以多渠道、多形式进入中国文化产业的核心区域。

"迪士尼原来只是个小企业，如今已成为闻名世界的跨国公司。目前，中国还缺乏像美国、日本等国具有世界影响力的文化企业，文化产品的国际市场开发力度不足。"他表示，做文化讲究创新，而政府的创新能力肯定比不上广大的企业家和从业人员。中国政府应进一步改革文化体制，开放文化市场，让更多民营企业参与市场竞争，增强文化产业的活力。只有那些能满足消费者需求的企业才会获得成功。

"风靡全球的《江南 style》，让世界人民记住了韩国文化。国际化使美国的文化产业拥有全球影响力和竞争力。中国也应重视文化产业的国际化。此前，许多中国企业通过并购成功走向全球。但最好的途径是先发展自身实力，在国内树立品牌后再走向国际。"罗杰斯说。

罗杰斯认为，文化产业的发展还要跟上时代特点。"比如，现在许多年轻人可能不会花 3 小时去看一部电影，那种时间很短的微电影可能会有光明的未来。"在信息技术时代，越来越多的人通过数字化技术阅读、看电影、听音乐。电子出版和数字娱乐等新的文化产业群将成为主流。

"总的来说，中国文化产业现在处于底部，正是投资的好时机。如果你找到一家从事文化产业的公司，并了解到它发展得非常好，那么投资它，你就有可能分享中国文化产业大发展的红利。"公开资料显示，罗杰斯已成为一家中国文化公司的总监，该公司在纽约证券交易所上市。

七、教育

"尽管中国政府承担着大多数国民接受教育的责任，但各种私立学校、专业技术学校和补习学校一直很兴旺。富裕起来的中国父母愿意为他们的独生子女提供最好的教育。"罗杰斯表示，无论是家教服务、语言、音乐、体育、计算机等技能培训，教材与其他教辅材料的出版，还是运动器材、黑板、制服生产商等，都将从这个市场获益颇丰。

中国近年来实施了二孩政策，将来中国会有更多小孩。"如果我有第二个孩子，一定会花很多钱在这个小孩身上。"中国孕婴童行业市场规模已突破2万亿元，成为仅次于美国的第二大母婴产品消费国。随着二孩政策的放开，中国母婴市场将迎来繁荣期。"关注跟孩子有关的公司的股票，比如儿童用品、儿童教育等，你会有所收获。"罗杰斯说。

八、环保

"我们全家都非常喜欢中国,但最终没在中国定居,主要原因就是中国的污染问题。"罗杰斯表示,在中国迅速发展的过程中,各大城市的污染越来越严重,治理污染迫在眉睫。中国政府高度重视环保问题,在治理空气、水、土壤等污染方面非常有决心,会投入很多资金。这令中国环保产业的发展前景无限。因此,"未来,治理这个国家空气污染、水污染的环保企业将会赚大钱。投资这些公司的股票,就可以从中分一杯羹"。

九、不建议投资的领域

那么,在中国,现在不建议投资什么领域呢?罗杰斯向笔者透露的第一个行业是——房地产。"我现在不会投资中国楼市和相关公司,因为中国的房地产已经过热了。"他说,没有任何东西可以永远升值。现在中国的房价很高,利率水平很低,但利率早晚会涨,这对房地产市场来说是不利的。中国的房地产价格远远超出市场价值。以前,中国房地产价格上涨是因为供给远低于需求。而现在,高价格导致市场上的供给大大超过需求,这会导致很多问题。"中国的银行可能已经放款过多,过热的投资造成过高的违约率,如果任其发展下去,中国房地产市场也许将面临硬着陆的风险。"近几年一些大城市的政府也不支持房地产价格飞涨,纷纷出台限购等政策,"北京市政府搬迁到通州就是一个信号:政府希望减少北京房地产的需求,给北京房市降温。"罗杰斯对笔者说。

在他看来,中国的房地产市场要想健康发展,必须靠市场解决问题:如果供给过多,就应导致房价下降,甚至银行破产。只有这样,市场才能恢复正常。"大众对房地产市场的认知,必须经历真实的经验和教训,才能得到提高和学习。就像人们在股市中经历的一样。"

"如果要买房,我倒觉得可以到农村买。原因很简单——价格便宜。想赚钱一定要在低位买进!你现在做的最愚蠢的事,就是把农场卖掉,在城里买个房子。因为,中国的房地产市场正在降温,而农业则蒸蒸日上。"罗杰斯告诉笔者。

此外,他对中国钢铁行业的前景也不看好,因为产能已经过剩。中国政府已经开始对钢铁行业实施去产能计划。"我建议人们不要和政府对着干。"

第三节　对下一代最好的投资：移民亚洲，学中文

　　如果说以上对资本市场的投资建议是罗杰斯的常规策略，那么，下面这项举动则是他最特别的一次投资。自20世纪90年代得出"21世纪是中国的世纪"这一论断后，罗杰斯就在思考如何最大程度地分享这只"超级潜力股"的红利。他的两个女儿在2003年和2008年出生，如何教育孩子成了他关注的重点。思前想后，他找到了两全其美的解决方案——让孩子学中文！难道教育不是对人生最好的投资吗？"很多家长会让孩子学法律、学医学，但我认为这些只是一般的技术而已，我希望孩子具有更高层次的技能。"罗杰斯说，"21世纪属于中国，我希望孩子能拥有中文这个最大的优势和工具。这样她们今后就可以更方便地在这个最繁荣的市场做任何事。"

　　不能说一口流利的外语一直让罗杰斯很遗憾。作为国际投资者、环游世界的旅行家，他在世界各地游览、考察，却只能通过翻译来了解当地，而翻译过程中会遗漏很多信息。就像所有父母都试图弥补自己的不足或某些人生中错失的东西一样，罗杰斯不希望孩子因为语言上的不足开始

她们的生活。2003年，61岁的罗杰斯迎来了他的第一个孩子乐乐。乐乐从小就有中国保姆，而且来自北京，能说标准普通话。金发碧眼的小娃娃满口中文，经常吸引人们的注意，罗杰斯对此很是骄傲。

不过，让他意想不到的是，女儿没过多久就对他说中文变得没那么大兴趣了。有一天，乐乐回到家对他说："我想学西班牙语。"在纽约的河滨公园，西班牙语很流行，很多保姆来自中美洲，那里的孩子都用西班牙语交流，没人和她讲中文，乐乐感觉自己有些格格不入。在纽约的幼儿园，孩子们都说英语，虽然有一些学校可以学中文，但在美国毕竟语言选择比较多，如果孩子的玩伴没人说中文，她就不愿再说了。

眼看如意算盘就要落空，罗杰斯不得不仔细思考事情的原委。他观察到，在美国，很多中国人跟自己的孩子说中文，但孩子到八九岁就只用英语和父母交流。大环境对孩子的影响太大了。对于生长在纽约的乐乐而言，她永远不可能把中文说得像中国人那么地道。要真正学好一门语言，最好的方法就是生活在那个国家，把孩子送到一个必须用这种语言与当地人交流的地方去。

对比国际上的教育水平，罗杰斯认为，美国的基础教育总体来说不是特别好。"我自己在美国接受过教育，对此深有体会。"很多美国学生在地图上找不到叙利亚,有的甚至找不到美国。罗杰斯还是很偏爱中国、新加坡等亚洲国家的教育,认为亚洲的基础教育更扎实。

所有这些念头夹杂在一起,让罗杰斯痛下决心,做出了一个异常大胆的决定——移民!

做出这个决定时,美国经济正经历极为艰难的时期。罗杰斯意识到,当今世界正处于一个历史转折点,即伴随美国在全球领导地位的衰落,亚洲正逐步崛起。欧美国家债台高筑,很多公司会破产倒闭,国家将陷入衰退。这将直接招致人们未来的生活和工作发生巨变。将来住在美国不是件令人愉悦的事。如今,经济比较稳定的国家都集中在亚洲。全球的资金有从西方转向亚洲的趋势,亚洲市场未来将更加强劲。投资家通常以利害关系作为行动的依据。罗杰斯当然希望自己和家人从亚洲和中国的崛起中分享红利。这更促使他加快将纽约漂亮的大房子挂牌出售,并开始寻找移居城市。

想让女儿学中文,移民目的地当然首选中国。罗杰斯选择中国城市的首要标准是经济有活力。"像新疆的哈密虽然很美,适合旅游,但活力不够,我不会搬到那里居住。"他告诉我,在其备选城市名单中,上海是第一选择。"我对上海一见钟情。上海很'中国',很美,更重要的是,它已成为中国的经济、文化中心,以及亚洲的金融贸易中心。上海将是全球下一座伟大的城市。"

说干就干。2005年,罗杰斯夫妇在上海试住了一个夏天。上海的酒店式公寓家具齐全,并提供家政服务,非常方便。不过,最终他们并没有选择这座城市。"我们爱死了上海的一切,除了一样——空气污染。我不希望孩子们呼吸被污染的空气,吃着被污染的水和食物。另外,上海的交通拥堵也比较严重。"罗杰斯对笔者说。

惜别上海,2006年夏天,罗杰斯把香港加入备选名单。"虽然那里的中国人大部分说粤语,但普通话越来越成为通用语言。"不过,他们考察后发现,香港的污染也比较严重。之后,他们在北京、大连等城市也住了一段时间,存在的问题和上海差不多。经过反复权衡,移民中国的计划只好暂时作罢。"如果未来中国能在环境方面得到很大改善,我很愿意到中国定居。"罗杰斯说道。

回纽约前,罗杰斯夫妇决定在新加坡住三个星期试试。上次环球旅行到达新加坡时,他们就对那里的良好治安由衷赞叹:在其中心公园举行的盛大音乐会上,几乎没什么警卫人员,却秩序井然。住了一段时间后,他们很快就决定选择新加坡作为永久居住地。仅从空气质量看,新加坡就足以抵消很多中国城市的竞争力。新加坡75%的国民是中国血统，会说中文。虽然该国政府和商务活动的官方语言是英语，但学校都有华文课。这样，既能保证女儿学中文，罗杰斯夫妇也能方便地讲英语。他认为，新加坡的优势还有很多，比如，教育和医疗条件世界一流；在这个移民国家，金发碧眼的孩子并不显突兀，不会引来那么多人围观；治安环境好，而且对名人不是那么关注，在这里居住更安全、更自由。

2007年，罗杰斯一家正式搬离美国，成为新加坡"永久居民"，为融入下一个"中国时代"做准备。在世界仍以美国马首是瞻，各国人民以移民美国为荣的大潮中，罗杰斯逆流而动，上演了一出现实版的"东游记"。

"历史上，'三十年河东，三十年河西'的故事不断重复上演。20世纪二三十年代，金融危机和政府管理不善令英国失去领导地位，世界重心和影响力转移至美国。基于几乎同样的原因，如今的美国正逐渐丧失全球领导力，世界重心和影响力正在向亚洲转移，但遗憾的是，大多数人仍未注意到这一变化。"罗杰斯对笔者表示，"中国的孟母三迁，就是为了让孩子有更好的环境、更好的学校、更好的老师。我以前总是嘲笑那些认为搬家会令孩子受益的父母，没想到，现在，我也成为他们中的一员了。"

不过，罗杰斯没有加入新加坡国籍。因为新加坡不允许双重国籍，他和家人仍保留了美国国籍。近年来，移民新加坡的美国富人越来越多。笔者和几个新加坡人聊天时得知，一些当地人认为，美国有钱人移民新加坡也许是因为来这里可以避税。对这种看法，罗杰斯解释称："美国是全球征税的，也就是说，无论你到哪里定居，不管是去南极还是北极，只要你还是美国国籍，持有美国护照，你需要缴纳的税款和在美国是一样的。当然，放弃美国护照就能避税，很多美国人这么做，但我还是保留了美国国籍。"

新加坡潮湿炎热的气候，对于中国北方人来说并不习惯。但这一家子美国人似乎并未感到不适，他们已经在这里居住了10年。离开美国多年，罗杰斯对祖国有没有一点挂念？"不，一点也没有。新加坡有我需要的所有东西。"罗杰斯坚定地说，"如果你到达肯尼迪国际机场，你会发现自己身处一个第三世界国家的机场，然后经过第三世界国家的移民检查，搭乘第三世界国家的出租车，在第三世界国家的高速公路上穿行，并入住第三世界国家的五星级酒店。纽约已经风光不再，而亚洲是那么令人兴奋。"罗杰斯说："你去上海、香港或新加坡看看，那是一个充满活力的世界。在纽约，我曾经有过这种感觉，但现在不再有了。纽约已经处在停滞状态，而亚洲的发展势头在上升，就像多年前的纽约一样。"

第四节 新加坡，新生活

"这些都是爸爸带我去中国玩的时候买的。"活泼可爱的小蜜蜂把我带到她位于别墅二楼的房间，操着一口 CCTV 式普通话，向我展示十几个形态、大小各异的熊猫玩具。她还找到了极富北京特色的格格头饰发卡，顺手把它戴在头上，娇羞地让我拍照。

为了让乐乐和小蜜蜂接受最好的教育，罗杰斯住在距新加坡最好的小学仅十分钟自行车车程的"学区房"。这个别墅是租来的。因此，他希望我不要拍摄房子的照片。为什么不买下来？"我一直没找到理想中的漂亮房子，而且新加坡的房价还没达到我的心理价位。"

之前两个孩子都在同一所小学上学，罗杰斯骑一辆三轮车就把两个都送到学校了。2016 年笔者第二次到罗杰斯家采访时，大女儿已经上初中，个子长高了，脸上还多了副眼镜。罗杰斯早上更忙碌了：先骑三轮车把小女儿送到小学，然后赶回家，陪着大女儿一起骑车到附近的地铁站。下午接孩子放学也变成两次。

选择骑车而不是开车接送孩子，罗杰斯有几重考虑。

"骑车能锻炼身体，我一直很喜欢骑自行车。另外，到学校只有十几分钟路程，骑车不会堵车，可能比开车还快。如果开车，主要由专职司机开，我跟孩子们在一起的时间就少了。"当然，他也承认，这么做也是有意识地不希望孩子认为自己的家庭很富有。罗杰斯向我透露，其实，刚搬到新加坡时，基于同样考虑，他甚至希望一家人搬到租屋（新加坡政府为普通居民修建的福利房）去住，结果被妻子一票否决。

罗杰斯一直很担心孩子们知道自己出身富裕家庭。"可能别人都告诉她们，我们很富有，但我和她们说的都是相反的。"他始终告诉孩子家里没什么钱。在某种程度上，这种小伎俩真能得逞。不过，当孩子慢慢长大，不管怎么努力，她们还是会发现这个事实。"当我们到机场时，乐乐立刻就会问：哪里是头等舱休息室？"看看同学住的地方，再看看自己的大房子，让孩子相信自己不是富人越来越难。小蜜蜂告诉笔者，来她家玩的同学都惊讶地说："哇，你们家的房子这么大，我也想住在这儿。"

虽然在生活上尽可能从简，不想露富，但罗杰斯对孩子社交能力的锻炼非常重视。在新加坡受邀出席演讲等活动时，他都会带着女儿一起参加。如果家里来了客人，罗杰斯也经常喊女儿下楼见客，即使有时她们并不情愿。他还给小女儿印了名片。有一次，应罗杰斯的要求，她把名片递给前来采访的外国记者，名片上用中英文写着：小蜜蜂·罗杰斯。

罗杰斯的家通常很安静。他几乎从不看电视，也不让孩子看。唯一一台电视机只有在播放 DVD 时才会用上。他向笔者解释道："电视主要是用来娱乐的，孩子们从里面学不到什么有用的东西。为了提高收视率，电视台经常会放一些普通大众感兴趣却没什么知识性、教育性的内容，只有输出而没有输入的过程。"因此，即便为了获取国际资讯，他也不通过电视，而是看报纸或听广播。"报纸尤其是财经类报纸，受众面较窄。为了持续吸引高端读者，这些报纸会经常刊登有趣又有知识性、思考性的文章。所以，读报纸要比看电视好。人们应该多读书、多思考，而不是看电视消磨时间。"

妻子佩姬对孩子的管理很严。除学校的功课外，两个女儿回家后，要在家教的辅导下，上额外的中文课和西班牙文课，还要定期上舞蹈班。

聪明的基因＋严格的教育＝学霸，两个女儿学习成绩非常好，在班里名列前茅。小女儿还自豪地告诉我，她是班里的班长。

趁女儿上学不在家，罗杰斯带我来到她们的房间，他

第六章 | 罗杰斯中国投资档案

找啊找,终于找到几张照片。他指着同学合影中的女儿,得意地说:"这些孩子都是黄皮肤、黑眼睛,只有她们是白皮肤、蓝眼睛,但她们得了中文比赛的一等奖!"他的表情兴奋得像个孩子。

两个女儿的中文的确了得。在公开演讲中,罗杰斯的固定节目就是向现场观众播放一段视频:先是颇有艺术家范儿的大女儿乐乐在一个活动现场抑扬顿挫地朗诵宋代诗歌《一去二三里》(又名《山村咏怀》),之后,小女儿小蜜蜂充满童真地表演中文绕口令。表演完毕,小蜜蜂问现场观众:你们想听快节奏的绕口令吗?得到满意的回答后,她饶有兴致地为大家演绎加快版的绕口令《门后有个人》:"门后有个人,手里拿个盆,砰的一声响,是盆碰了门,还是门碰了盆。"她一边说,一边有节奏地微微点着头,同时用一只脚打着拍子。萌化了。现场观众无不惊叹两个孩子纯熟的中文。罗杰斯借助儿女的表演成功地诠释了他投资中国的决心和行动力。

乐乐喜欢看书,尤其喜欢《西游记》,还钟爱时尚杂志。有一次,我送罗杰斯去北京机场,看他拎了一袋子杂志,准备带给女儿。目前,乐乐对爸爸从事的金融行业并不感兴趣,更喜欢当演员。"当我在台上唱歌的时候,我觉得整个舞台都是由我在掌控的。这是我的舞台,大家都是来看我表演的。我很喜欢这种感觉。"

美国一家人对亚洲的新生活很适应。不过,也有罗杰斯始料未及的事。2016年,在参加当地一场论坛时,罗杰斯看着刚上初中就戴上近视眼镜的乐乐,半开玩笑说:"我移民新加坡时,真没想到这里的作业这么多。我最近还在想,当初是不是做错了选择。"乐乐用一口流利的中文圆了场,而且回答很惊艳:"虽然作业很多,但只要能科学地管理好自己的时间,这些问题都可以很好地解决。"

经常被爸爸带出去做演讲、表演节目,甚至出现在报纸版面上、电视镜头前,女儿们什么感受?乐乐说,"这是很好的体验和锻炼"。不过,小女儿更希望爸爸不要那么忙,能多一些时间陪她玩。7岁的她甚至有些语重心长地对我说:"如果爸爸没那么有名就好了。"听到这样的心声,罗杰斯笑笑说:"有时候她们会埋怨我,但将来,她们会感谢我的。"

第七章
中国股市投资问答

  如果你看到这样的情景：大学教授不教书了，农民不种地了，出租车司机把车子卖了，他们把一生的储蓄全部拿来买股票；你去牙医那里，接待员在讨论股票；走在大街上，商店里的电视全在播放股票信息；连平时根本不关注股市的爸爸妈妈、祖父祖母都开始买股票……这就是股市即将崩盘的征兆。

——吉姆·罗杰斯

在北京举行的一场论坛中,一名 30 岁出头的女观众举手提问:"罗杰斯先生,我能不能和您赌一次,我出 100 万元,我们规定一个时间,看谁炒股赚得多。"现场观众的情绪立刻被点燃并纷纷起哄,想看罗杰斯怎么接招。久经沙场的罗杰斯镇静地回答:"我不会和你赌,因为我只做长线投资。"

在新加坡的第 6 天,我问他:"那名女士想和您对赌时,您当时是怎么想的?""我想,她现在可能已经破产了。"罗杰斯靠在椅背上,两手一摊:"我当时说不会跟她赌,因为短期投机行为本来就不是我一贯的作风。所有这样做的人,都是对市场长期发展把握不准的。"

很多人被罗杰斯的演讲吸引,就是想知道这位"华尔街股神"的投资哲学、思维方式和炒股秘籍。两年来笔者参加了罗杰斯在中国及新加坡的多场演讲、论坛,发现观众关心的问题有很多共性。为此,本章特将笔者的疑问与部分观众的提问进行汇总，以问答的形式，更鲜明地呈现罗杰斯原汁原味的语言和思考。

第一节　中国股市预测

问：2015 年"股灾"后，中国股市的未来走势如何？

答：谈到股市，首先有一点要明确：股价波动是正常的，不用大惊小怪。中国股市 2014 年扶摇直上，一度成为世界最强市，比美国股市强势得多。因此，在 2015 年下降是合理的。看看过去 15 年就会知道同样的规律。中国股市 2007 年涨得非常厉害，很多股票超出自身的价值，随后就崩盘了，但几年后又迎来牛市。所以，即便 2015 年中国股市从牛市转向熊市，遭遇 8 年来最大单日暴跌，也不意味着中国股市的牛市就此终结。它只是暂时受挫，中国还会迎来新一轮牛市。

推动中国股市进一步走高，有现实的经济基础支撑：股市在低位已经震荡了六七年，中国比 2008 年富有多了，中国经济还在继续稳定增长。不过，席卷全球的金融危机就要爆发了，和西方打交道的中国公司会或多或少受金融危机的影响。中国股票指数在几年内还可能再创新低。19

世纪，美国正在光荣崛起的时期，经历过多次市场崩盘，但美国最终还是成为一个成功的国家。21世纪将是中国的世纪，中国股市不会脱离长期向好的发展轨道。未来中国沪、深两市也许会合并，中国将逐渐发展成世界最大的金融市场。所以，长期看，不用担心中国股市。

问：中国股市会涨到多少点？

答：中国股市历史上的最高点是6000点左右。所以，未来肯定有实力重返6000点，但具体什么时候能达到并不确定。我对具体时点的预测并不擅长，情况时刻都在变化。也许中国股市会在一两年内涨到6000点，但我不希望那么快，缓慢涨要比快速涨好。比较好的情形是，市场上升一段时间后有一个修正期，然后继续上升，再修正，最好是两三年内逐渐涨上去，这样可以防止泡沫出现。也就是说，如果市场在上升过程中不断调整的话，牛市会持续更长时间。如果一直持续单边上升，就可能产生泡沫，随后下跌的速度会非常快。股市一般会和经济增长同步，所以中国股市还会继续走高。但会高到什么程度，我也不知道。有人问我：会涨到7000点吗？我的回答是：先涨到5000点我们再来探讨这个问题吧。

问：中国股市到泡沫期了吗？

答：有些人可能会告诉你，中国股市正处于泡沫中，我觉得现在还不是真正的泡沫，但有点像泡沫初期。中国股市目前只是有一些暂时的、潜在的、隐性的泡沫。这其实挺好，可以提前有一个心理上的预警，大家开始感到害怕。这样，真正大的泡沫就不会出现了。如果股市持续一直上升，就可能会有泡沫。泡沫破灭时，会带来很大的损害。

问：普通投资者如何判断泡沫何时到来？

答：真的有泡沫出现时，你会看到信号的。最简单的办法是，观察身边的人。所有的泡沫经济特征都一样：每个人都开始投资，每个人都在谈论股票，每个人都想开一个股票账户。如果你看到这样的情景：大学教授不教书了，农民不种地了，出租车司机把车子卖了，他们把一生的储蓄全部拿来买股票；你去牙医那里，接待员在讨论股票；走在大街上，商店里的电视全在播放股票信息；连平时根本不关注股市的爸爸妈妈、祖父祖母都开始买股票……这就是泡沫时期的征兆。这些迹象都表明，人们对于股票过于狂热。当每个人都开始出现这种与日俱增的投资欲望并开始买进的时候，那就表明泡沫已经形成，股市即将发生大崩盘，你必须警觉，要提前卖出股票了。

使用这一判断方法最为人称道的例子是华尔街早期投资奇才伯纳德·布鲁克。有一天，他在华尔街擦皮鞋，擦鞋的小孩拼命向他推荐热门股票。他安静地擦完鞋后，回到办公室就将所有股票清仓。结果，没过几天，就发生了1929年大股灾。伯纳德认为，如果周围的人都在谈论股票，就表明市场正值疯狂的歇斯底里期，是逃离市场的时候了，因为"群众永远是错的"。

问：牛市和泡沫的区别到底是什么？

答：在投资界有一个说法，"牛市中大部分人是忧虑的"。真正的牛市是，每一天股市都在增长，但是每个人都在担心，"唉，股票会不会下跌，经济形势是不是不够好"，每个人都有一种不安全感。而当泡沫发生时，每个人都觉得股市一定会大涨，自己一定会赚钱。

2015年，中国股市如同过山车一般，恐慌情绪再度袭来。全球范围内，恐慌在历史上并不罕见。其实，股市大跌是件好事，可以阻止人们脑筋过热，给市场降温。正因为有这种跌幅存在，有些人就会害怕进入股市。很多人感到痛心，因为他们开始损失了。如果没人害怕股市，他们就会全部进入市场。那样，股市的跌幅会更大。我希望每个人对股市有一点担心和恐惧感。这样，股票的成长才会比较稳定。比如，我经常听到有中国人担心：中国的制造业和人口红利正在消失；中国正在实施一些经济体制改革，但改革效果需要较长时间才能看出来，这对中国经济和股市会有一定影响……如果现在有人持悲观看法，市场是会上升的。如果大家什么都不担心，你就得开始担忧了。

问：如何理解"在别人恐惧时贪婪"？

答：每当市场出现暴跌，人们就会恐慌。实际上，市场恐慌通常是买入的最好时机。在人们纷纷抛售股票、股市大跌时购买便宜的股票，通常会在一两年后得到回报。截至目前，我没有卖出任何中国股票，反而在市场严重恐慌期间买入更多。作为一个大国，中国肯定会面临各种问题，就像个人、家庭、公司在发展过程中都会面临问题一样，每当各种问题导致股市出现恐慌时，我都会尝试买进。赶时髦从来不是我的风格，远离人群，才是最好的投资时机。虽然我也被套牢过，就是买入股票后，价格继续下跌。但没有关系，你不可能永远都在最低点买入。短期内损失一些钱并非什么坏事，你应该看到更长期的股票走势。中国投资者现在应该做的就是不断地学习知识和经验，为下一次机会做准备。

问：虽然理论上应该在别人恐慌、市场低潮时低价买进，"买跌不买涨"，但为什么很多人做不到，往往是"买涨不买跌"？

答：很多人都有一种冲动和从众心理，就是当股票上涨、别人在买的时候，他们才跟进。但如果每个人都已经在购买那个东西，它的价钱一定会被抬高。跟从别人的脚步是比较容易、简便的方式。但现实告诉我们，不管你是艺术家还是商人，不管在任何行业，如果你看到别人做的事，然后跟从的话，都很难获得成功。所以，你要学会去观察那些别人没有观察到的东西，当这些东西还很便宜时就购买。在投资方面，这是第一堂课：不能冲动，不能有从众心理。要有勇气去尝试反向思维、反向操作。当然，在这个过程中我也犯过很多错，有过很多失误。但是，你会从失败中成长得更快。

问：普通投资者面对市场涨跌总是很惶恐，您有什么建议？

答：如果说他们不能承受市场高高低低的涨落，他们事实上是不应该去投资的。人们要非常了解市场的运行规律，然后去做投资。有的人做短线经常进进出出，情绪起伏比较大，我不擅长做短线，坚持长期持有股票。长线投资通常不太会受到短期市场波动的影响。还有一个方法，就是投资自己熟悉的领域，如果你非常了解一个领域，当它处于很低价位时，你就知道这个产业现在可能触底，以后会好起来，就不会有那么多恐慌情绪。如果一个人对所投资的东西一无所知，任何变化都会让他感到恐慌。

问：如果把钱长期投进股市，几年不动，会觉得好像存在银行里赚不到钱。普通投资者没有那么多闲置资金，希望在股市里赚快钱,应该怎么做?

答: 大家都想短期挣快钱,如果他们有很好的办法能保证成功的话,那当然是好事。但是,从历史上看,那些短线操作取得的成功,大部分都不会持久,经常是今天赚了,明天又赔进去。

问: 现在想进入中国股市是否合适?

答: 在股市快速上涨期间购买股票,并不是一个明智的选择。也许股市已经比去年翻了一倍,就像跳上一辆快速行驶的汽车,很容易被摔下来。实际上,我购买的大部分中国股票是在很多年前它们非常便宜时买的。当然,在合适的时机,我还在买中国股票。如果你现在决定投资股市,要好好想想,选对时机。

你的时间和精力最应该花在你最熟悉的地方,不了解的东西不要轻易去碰。如果你对股市不了解,但是对企业经营、实体经济非常了解,那么,你应该把时间和精力用来做企业。如果你投资于你了解的行业,就可以赚更多钱。当你有很多钱、很多时间时再去看看股市,而不是靠股市赚钱。

问: 为什么中国股市的走势往往和中国经济发展的步调不一致?看好一个国家的未来发展,和看好一个国家的股市是一回事吗?

答：如果一个国家的经济健康发展，股市也会稳步上扬。虽然不会每一年、每一天都同步上涨，但最终一定会。目前，中国股市的表现远不如中国经济那么好，主要是因为股票市场受到限制，外国人很难在中国股市直接进行投资。同时，中国人也不能在海外直接投资。我希望中国政府对此做出改变。阿里巴巴已经在纽约上市了，如果在中国 A 股市场上市，它只能面向有限的投资者。而在香港或纽约上市，它就可能面向众多国际投资者。所以我希望中国政府能开放中国市场，这对中国企业和中国投资者来说，都是有利的。

问：中国现在进入"全民炒股"时代，人们的心情指数紧随股市涨跌而波动，股市行情严重影响了一些人的工作和生活，有人甚至因为炒股失败而自杀。您认为正确的炒股观是怎样的？

答：股市不是闹着玩的。股市会给人带来很大收益，也会带来很大灾难。如果你还没有做好思想准备，不知道股市会带来不可挽回的灾难的话，就不要投身股市。如果你看到别人炒股赚了很多钱，看到一些成功投资者的故事，可能会觉得炒股是件很容易的事。但事实上，并不容易。在过去的几年中，很多中国年轻人包括 90 后都投身股海，他们听到了很多成功的赚钱故事，他们觉得自己非常聪明，因为他们买的股票都上涨了。但他们不知道,很多情况下,这只不过是因为他们运气好,恰好在一个正确的时点买到了正确的股票而已。一旦股市最后成为泡沫,破灭的那天会有很多人受牵连,会有很多悲剧发生,可能有人离婚、有人破产,甚至有人自杀。所以,我请求那些并不了解股市、风险意识不足的人,不要参与股票市场的投资。

话说回来,即便在股市里输了很多钱,也千万不要寻短见。"留得青山在,不怕没柴烧。"那些试图自杀的人如果能等等看就会发现,后面的事情并没有他想得那么糟。再等上5年、10年可能一切都会好起来。有的人没有等到就自杀了,这可能不仅仅是股票投资的问题,而是人生观的问题。其实,不管是经济还是感情问题,只要你能等,都会得到解决。人生中的很多绝望,只要你给它一定时间,它都会自己过去的。

问:股市跟人生、人性有什么相似之处?

答:股市当然是人性最突出的体现。贪婪、恐惧这两种人类最主要的情感,都在股市涨跌中淋漓尽致地表现出来。人有旦夕祸福,任何事情都有很多不确定因素,不管是时尚、音乐还是写作都是人性的一个侧面表现,只不过股市表现得更明显、更深刻、更集中。同时,也正是因为这种变化,让我觉得特别有意思,想探究一下这到底是怎么回事。如果说人们在炒股时真能静下来，跳出股市这个很小的视野观察自己的行为，把股市看成人生的规律，就可以帮助你认清它的发展趋势。但说起来容易做起来难，在股市中，人们经常很焦躁。

第二节　如何选股

问：您投资中国股市最主要的依据是什么？

答：我在中国投资最重要的技巧就是密切关注政府动向。在中国，政策对市场和经济的影响不可小觑。政府永远有工作在做，有一些重点领域要发展。你跟着政府的动向走，就可以从中赚到很多钱。我一直在捕捉那些可以影响中国相关产业与全球市场的重大政策，例如中国最新的"五年计划"。这些政策是中国发展的基本蓝图。你要思考这些政策会对某个地区和行业的发展带来什么具体的影响。如果你在媒体报道中看到，政府会把一些工业和企业搬迁到某一个地方。那么，你不要光说"哦"，还要说"啊"，原来有这些领域我可以去投资。你可以借助新闻报道做一些投资功课，寻找究竟哪些公司会从中获益，这些公司又需要哪些产品和服务，哪些企业会提供这些产品和服务。

然后，了解这些公司的经营情况，选购一些公司的股票。比如，中国政府强调未来会使农村地区、农民更加富裕，你就可以采取进一步行动，也许可以在农村地区投资建一个化肥厂，开家餐馆或酒店，也可以在那里买房子。当然，并不是说政府政策是投资的唯一依据，但它是一个非常重要的研究对象。

问：具体投资行业，应如何选择？

答：无论股票市场环境如何，都要持有那些一定会有发展空间的好股票。选对行业，选对公司，才是成功投资的关键。比如，不管希腊局势、世界经济如何糟糕，如果你持有中国的环保股，仍然有可能是大赢家。但是，具体选择哪些行业，不要一味地相信所谓专家的观点，一定要选择自己更熟悉的行业。如果投资者对投资的东西不是很了解，他永远都不应该去碰。每个人都有自己擅长和了解的东西，投资在自己熟悉的领域，你会更容易看到它的变化，对它的未来走势做出正确的判断。假设你是一名汽车机师，你可能对汽车和发动机了如指掌，对不同型号汽车的相对价值与设计突破也很熟悉，那么，我建议你研究一下中国的汽车行业；如果你是理发师，你就要比华尔街经纪人对流行品牌与化妆品有更全面的了解，你可以重点关注时尚行业；如果中国政府说有一些产业会转移到河北，那么你从河北电视台了解到的关于河北的经济信息，要比从我这了解得更多。另外，记住，千万不要买美国的股票、债券还有基金。金融危机爆发后，这些都会大幅下跌。我已经把很多美国的股票和债券都卖掉了。

问：一些中国投资者不太做基本面分析，通常是按照现在的股价以及交易量来选股，甚至不知道这家公司在做什么就把钱投进去。您在选股时是否做公司的基本面分析？

答：这种情况在很多股市都会出现，不仅仅在中国。说到底，这些人最终大部分都是亏钱的。从中期和长远来看，唯一正确的就是基本面分析。你要知道自己在做什么，要了解你投资的公司在做什么，否则你不会获得长远的成功。在所有市场，我都做基本面分析。

问：您投资具体一家公司的标准是什么？只是根据政府的政策支持，还是根据公司的收益情况？

答：作为投资者，一定要在投资前做深入研究，比如研究国家政策、国家在全球范围内的动向、货币政策等。如果关注某个行业，则最好研究一下市场对此行业的需求、企业管理层的能力、产品是否优良等。与此同时，你必须对具体公司的财务报表逐行仔细阅读。但这些细节会经常发生变化，或许明天一切都变了，需要重新估量。所以，对于自己一无所知的投资，千万不要去碰。政府政策支持的公司一般会有很好的发展，提供非常好的产品和服务的公司也会很赚钱。但是，一些占支配地位的企业也可能是裙带关系的温床，而另外一些则颇具活力。今天的激烈竞争很可能会把行业引领者击败出局。投资前，你最好弄清楚这些问题：该公司的负债高吗？利润率高吗？增长情况如何？它的管理层有渴求成功的强大动力吗（例如是否持有大额股权或期权）？它面临的竞争激烈吗？它是引领者还是跟随者？它是否处于一个成长的市场，例如，是生产iPad而不是马蹄铁。

问： 什么时候选择集中化投资，什么情况下选择分散性投资？

答： 分散投资或者叫多元化投资，是一个永恒的法则，你随时运用这个法则都不会错。但是，如果你想快速致富，可以考虑把精力和财力集中在少数投资标的上。前提是，你非常确信这两三个投资领域很有前景。你不能说相信这3个领域非常好，但投资了4个、5个、6个领域。比如，比尔·盖茨就没有分散投资，他把自己所有的精力都投入微软公司。所以，你要成为一个非常成功的人，就应该找到几个自己非常确信、非常看好的少数领域，把你的时间、精力全部投入进去。当然，如果你一旦投错了，就可能破产。所以，集中投资的前提，一定是知道自己在做什么，非常确信自己的决策是对的，然后全身心投入。

问：对于普通投资者来说，投资股市的钱应占其财富总额的多大比例？

答：没有一个固定的百分比，要看他能承受的失去资金的数量是多少。如果他要投资一笔钱，但不能承受完全失去这些钱的风险，就不应该投入那么多。

问：股票卖出时，是否应设定一个数额，比如上涨30%就卖出，这样是不是比较安全？

答：这是非常个体化的东西，每个投资者都应该对自己的心理承受能力、资金承受能力有一个正确的评估，然后产生一套自己的投资理念，包括在什么价位、涨多少后卖出是可以接受的，别人的建议未必适合你。

问：听您说起来，做投资很简单，就是低买高卖，但为什么做起来这么难？

答：每个人都认为投资很容易，但其实投资非常难。大部分投资者是不赚钱的，甚至大部分经济学教授炒股也不赚钱。如何才能成功？不要听我说什么，不要听新闻说什么，你必须遵从自己的内心，只投资你了解的东西，不要听别人给你的小道消息。邓小平曾经说，当你打开窗户，阳光和空气进来的同时，也会进来一些苍蝇，还说过"摸着石头过河"。投资也是同样道理,不管你是做投资还是做其他事情,都会遇到一些困难和挑战,但这些都是必经过程,只要你有决心和勇气,用对方法,就一定会成功。

问:您的投资也失败过,原因是什么?

答:我也希望去怪其他人,比如怪媒体传递了错误的信号,但实际上,你会犯错,总是因为你做的功课不足。很多人都有一些理论,或者一套呈体系的东西比如K线,去研究股市的涨跌趋势。但有时候,市场涨跌跟任何东西都没有关系,很难有一个确定的系统或者人们自己推导的知识体系能完全预测市场的变化。事实上,从长期来看,没有任何一种研究工具总是百分之百正确。在中国,我听说有些所谓的炒股高手能赚1000倍,而且只赚不赔。这种事我见得多了,他们要么是骗子,要么就是疯了。如果有人跟你讲,用什么方法能保证炒股不赔钱,你一定要当心,因为世界上根本不存在这样的方法。

问:未来10年,中国会出现和您一样的投资大师吗?

答:我根本就不把自己当成是投资大师,我也不觉得可以受用人们的溢美之词。今后10年,中国一定会有很多非常好的股票投资者出现。我不知道他们是谁,也不可能说有什么办法,按照那样做就可以了。不过,这些人必须是喜欢投资的。中国有非常光辉的历史,有足够多的聪明人,所以一定会有人成为非常成功的投资家。

问:您为什么只投上市公司的股票,而不去做一些实业,比如创办一个公司,做企业家?

答:我就是不想当老板,一个公司有很多员工,运作公司需要处理很多事情,比较麻烦。投资更有意思,也相对简单些。

问:亚当·斯密对您的影响比较大。您为什么如此推崇他?他的自由市场理论如何影响您的投资理念?

答:因为他理解经济和社会是如何运行的。不过,我做投资不只是根据他的理论,因为很多经济体并不是完全的自由市场,每个国家都有需要考虑的很多变量。

第三节 对中国股市的建议

问:中国股市相对全球其他股市来说比较封闭,与国际市场不联动,这样的股市有什么优缺点?

答:是的,这是一个封闭的股市。从优势上讲,有时它会使自己不受外面市场的影响,被保护起来。但现在中国已经是全球化的经济体,这样的优势越来越小。从劣势来看,一个封闭的市场并没有真正反映出整个世界的变化,比如有时世界经济增长很好,如果一个市场是封闭的,就没办法反映出来。现在,中国人只能买在中国上市的股票,很难买境外上市公司的股票。外国人买A股需要许可证,要买中国的商品、期货也有困难。而任何人想在芝加哥买黄豆期货,只需要打个电话,开个账户就行了。我讲不出任何很好的理由来支持一个市场应长时间封闭。如果我是中国,今天就会把所有的市场开放。

中国一些官员可能还记得历史上外国人入侵对中国的负面影响。所以,他们对国外的自由交易有很大恐惧感,但现在已经不是殖民地时期,中国已经进入新经济时代。现在的中国是一个成功、繁荣的国家。作为一个美国人,我举家移民亚洲,也是想从中国的崛起中分一杯羹。为了迎接这个历史发展机遇,中国市场应该更加开放。但我不是中国,也不是中国人,所以中国政府希望怎么做,那是政府的决定。当然,我们看到,现在中国金融市场在逐渐开放,这对中国和世界来说都是一件好事。

问:以前曾发生过在境外上市的"中国概念股"被做空的事,中国企业在本土相对封闭的市场上市,是否会更安全一些?

答:如果说外界要做空"中国概念股"会发生什么呢?任何做空只是一个短期行为,不会对公司有长期影响。如果这些做空的人判断正确，那么这些股票本来就应该被做空。但如果他们是错误的，他们自己就会遭殃。所以，根本不用担心这些做空的人。

问：现在中国股市的涨跌，更多是人为操纵的因素使然，还是股市本身的正常起伏？

答：总体上是正常的起伏，短期内可能有一些操纵迹象，但是整体市场太大了，没有人可以操纵市场。中国政府有时想要救市，照样救不了。连中国政府都干不了的事，其他因素还能有多大的操作可能？

问：有人认为，中国股市就是一个投机市场，有很多内幕交易，在中国股市能真正进行理性投资吗？

答：中国股市只存在了20多年，而美国股市有200多年历史，比中国股市成熟200年。即使中国市场有很多问题，一些股票短期内也许没有按照客观规律发展，但从长期看，客观规律一定会发挥作用，你仍然可以找到好的股票。比如，医疗领域、环保领域在中国都是很有潜力的。如果你找到正确的行业和公司，就会有很多机会。

问：对于政府救市，您的态度是什么？

答：所有的救市行为，不管是来自政府还是民间，都不应该发生。这种操纵股市的行为，会让股市向不正常的状态发展。应该让市场自由发展。不过，每次一有情况发生，人们都会喊救命。我在上海就目睹有人说：几千年的文明就要崩盘了，除非政府出手挽救股票市场。政府也不能无动于衷，好像如果不做点什么，就会成为历史罪人。所以每次在这种压力下，政府都得采取行动。事实上，不仅是中国，其他国家的政府也会救市。之前美国经济危机时，也有很多人呼唤政府救市以挽救西方经济。只不过中国表现得更明显一点。虽然政府插手市场会挽救我持有的一些股票，但我还是希望政府不要介入。有时，市场下跌到某个阶段但还没到底的时候，政府会采取很多措施，比如叫停IPO，但IPO最终有一天会重新开启，到时再采取什么措施呢？最好的途径就是让市场自然下跌，找到真正的底部，虽然过程有些痛苦，但这样得到的是一个坚固的底部。它会自然反弹、自然上涨。一旦人为干预，得到的底部是不稳定的，也不可能稳定。

问：如果真的有人恶意做空中国股市，难道政府不去管吗？

答：真正恶意做空的情况不多。事实上政府可以不用管。有时候政府采取这些行动更多是一种"看台反应"，就是，他们在台上一挥手，底下的观众就都看见了，是一种示范效应，它产生的结果不是很大。

问：您对中国股市独特的涨停跌停机制以及一度采用

的熔断机制持什么看法？

答：在中国，上市公司可以提出申请停牌，就是在公司股票大跌的时候说，我们不想继续让自己的股票交易了，在纽约可不能这么做。我觉得这样做是错误的，市场还未到底，真正的谷底是没有人能够卖出，我希望能看到真正的谷底。而且，因为停牌的股票不能交易，其他股票会下跌得更惨，这会陷入恶性循环。这时，政府如果介入，市场会有一定反弹。反弹的时候就是你该卖出股票的时刻。因为，反弹之后，市场会跌得更厉害。中国曾使用熔断机制，结果导致股市大幅下跌，熔断根本不是一个好方法，它会助涨助跌。很多国家已经发现它的坏处，弃之不用了，建议中国也不要再使用这一机制。

问：什么样的股市是健康的？

答：干预越少、越开放的股市就越健康。只要是开放的股市，就没有人有那么大的力量去控制它，如果你能控制它，那就不叫市场了。

问：您的意思是不是，政府对待股市的态度，应该像家长对待孩子一样？孩子在一生中肯定会遇到挫折，家长不能每次都去帮他，而是要让孩子自己去体验人生、了解人生。

答：你说的比喻很贴切。事实上，就是像家长跟孩子的关系一样,政府需要让股民看到股市变化的曲线,让他们自己做出正确的决定。有时候最艰难的路,事实上是最有效、最好的办法。这也很像是爱情理论:在爱情的路上经常是越有很多挫折,越能证明是真爱。或者说,越是真爱,可能越有很多高高低低的情况出现。简单的反而可能不是最好的。就像中国俗话说的那样,好事多磨。

问:对于中国新崛起的富裕阶层,您有什么财富管理和投资建议?

答:西方有很多暴发户,经常被人嘲笑。他们的钱挣得快,花得也快。在中国也有很多这样的人。那些可以把财富一直延续下去的人,通常是保守的,他们做很健全的投资,而不是把钱都花掉。在中国以及世界各地的投资原则都一样,就是投资你了解的东西,要有很好的管理,不要借太多债。这样,你的子女和孙辈都可以继承财富。如果你到处乱花钱,就不会留下多少。

第四节　对中国金融业及中国经济的思考

问:香港和上海,谁更有可能成为亚洲的金融中心?

答:在中国全面放开金融市场之前,相对上海,香港在金融中心的地位方面更有竞争优势。因为在那里，资金可以自由流动。不过，即便是现在，大连的大豆交易合同已经比芝加哥还多，你可以想象一下，如果中国内地完全放开金融市场，对其他市场的冲击有多大。"二战"之前，香港还不是亚洲的金融中心，上海才是。所以，一旦中国内地的金融市场再次放开，香港当然不会消失，但它可能无法和上海比，很多业务都会围绕上海展开。

问：如果21世纪是中国的世纪，人民币的未来前景如何？会成为像美元那样的世界货币吗？

答：目前，只有美元、欧元和日元可以称为世界货币。如果有哪一种货币可以取代以上三种货币，那就是人民币。美元是一个有巨大缺陷的货币。美国可能永远还不清它的债务，至少没有办法用美元还清所有债务。所以美国会不断印钱，这意味着美元将不断贬值，各方会很担心美元的前景，一些国家已经开始改变其外汇储备构成，他们应该这样做。现在，欧洲也成了债务国，没有净外汇储备，只有大量外债。第一大债权国日本困难重重，世界可能欠日本的债，日本政府欠了本国公民大量的债，日本人互相欠债。而中国没有这些严重问题，既无很多内债，又无很多外债。中国人口众多、经济规模巨大，谁都想争夺中国顾客。中国拥有巨额贸易顺差额，外汇储备居世界第二。这些因素都意味着，未来中国的货币必定升值。随着人民币越来越开放和市场化，如果未来的全球储备货币不是美元，我觉得人民币会是非常强的替代储备货币。

但这不是一朝一夕可以实现的。中国政府过去10年中越来越多地开放人民币，但现在人民币还没有实现完全可兑换，你不可能自由地把人民币带出中国。外国人要购买人民币也不是那么简单。目前人民币还实行固定汇率，与美元挂钩。它是少数币值不浮动的货币之一。中国的货币不能自由兑换是旧体制遗留下的产物，是20世纪50年代至70年代的思维结果。那时，政府担心本国公民会把钱带到国外，大批外国投资者随之效仿，导致本国货币崩溃。30年前，这种担心不无道理。但是，今天的中国不再是过去的中国。中国的央行应允许人民币自由浮动和自由兑换，由国际市场决定它的价值。一旦实现完全开放，人民币有一天会和美元竞争。

21世纪将是中国的世纪。在此之前，中国必须迈出重大的一步：允许人民币成为可兑换货币，在世界市场上可以自由买卖。一个国家如果没有人民信任的透明货币，没有一个开放的货币交易体系，永远不可能成为一个大国，也无法确保自己的实力。

问：人民币对美元汇率近来成贬值趋势，未来走势会怎样？

答：实际上，在大幅贬值 10 年后，人民币如今更接近合理价值。尽管中国未来有充分理由抑制人民币大幅升值的势头，但发生更具破坏性逆转的可能性仍然很低。首先，人民币如果大幅贬值，会违背中国经济从倚重出口转向促进国内消费的核心战略。其次，国际货币基金组织已经把人民币纳入特别提款权货币篮子（SDR），大幅贬值可能对该决定造成严重冲击。因此，我非常看好人民币的前景。

问：您现在持有的美元资产和人民币资产哪个更多？

答：目前，我手上的美元资产比人民币多，因为我相信未来两三年市场还会振荡，很多人还会寻求美元作为最后的避风港。既然人们这么认为，我手上的美元短期内就不会贬值。我可以在美元高点时把它卖掉。希望到那时人民币已经完全自由化了，我就可以买进大量的人民币资产。如果你想卖人民币，请卖给我。谁想抛掉人民币，就让他们抛吧，反正我是要买人民币的，而且要买人民币的投资者不止我一个。继续往家乡汇钱的海外华人也不会因此停止汇钱。流入中国的钱只会更多。资本总是更有可能流向没有货币管制的地方。我认为，人民币成为可兑换货币的日子越来越近了。

问：特朗普政府曾指责中国有意操纵汇率，并扬言提高对中国商品关税，如果贸易战爆发，会对中美两国的经济和贸易产生怎样的影响？

答：特朗普可能根本不知道自己在说什么。他说的中国操作汇率的事，也许10年、20年之前是有的，但现在没有。特朗普之前说，他上任后，会将对中国商品的关税提高到45%，这是他对汇率操纵国的一个措施，不过，他到目前为止也没有采取什么措施，可能是有人已经给了他很好的建议，让他认清了事实。

如果贸易战争一旦发生，对于美国、中国乃至全世界来说，都不是什么好事。因为从历史上看，贸易战争危及每个人的财产安全，没有任何人能从中获益。

问：您曾表示，中国的外汇储备非常雄厚，是中国得以发展的基础，但是2017年年初，中国的外汇储备一度跌破3万亿，您认为原因是什么？这一趋势发展下去是否会影响中国经济的竞争力？

答：这个现象的部分原因可能是外汇储备本身在贬值，也有一些人可能将他们的人民币资产配置到海外。对于我来说，我暂时不会把人民币抛售去买其他货币。但是，我也可以理解有些中国人有一定资产后，想要多样化地配备。其实，目前，人民币对美元的汇率一直在下跌，这会提高中国产品在全球市场的竞争力，对于中国很多产业来说是好事。我现在不会卖我的人民币。

问：现在已经是21世纪了，如果说21世纪是中国的世纪，那么，中国会在什么时候全面超过美国？

答：这个问题得分开谈。在政治、军事方面，美国领先世界很多年，而且多年来美国在持续地跟多国打仗，客观上在实战中增强了军事实力。而中国没有对外作战，在这方面就没有可比性。但是在经济领域，未来10年、20年中国超过美国是没有问题的。未来，大家想到的经济强国，首先会是中国，不会再联想到美国。在科技发展上，中国非常有潜力，很多中国的互联网公司比如腾讯、阿里巴巴等在全球同类公司中都占据主导地位。中国每年的毕业生及公司培养出来的高级技术人才要比美国多出几百万人。在这样的人才基础上，中国科技实力未来50年有可能超过美国。

问：中国如何避开"中等收入陷阱"？

答：2015年，中国人均国民总收入已达7880美元。按照国际经验，中国已经进入中等偏上收入国家行列。在历史上确实有所谓"中等收入陷阱"，但不一定每一次都要发生。像日本、韩国、新加坡就成功跨越了中等收入陷阱。不管是不是所谓的"中等收入陷阱"，中国过去在经济领域一直有很高的储蓄率和投资率。这一点在中国是毫不动摇的。现在中国的人均GDP不是很高，但不要担心，中国人的收入一定会快速涨上来，进入高收入国家阵营。

问：中国政府希望中国经济的增长模式从出口和投资驱动转型为消费驱动，您认为如何促进转型的实现？

答：这样的转型可以实现，不过需要时间。事情都是循序渐进发生的。一个国家不可能经济刚刚下滑，突然下个月就迅速增长了。保持市场和货币的开放、可兑换，将帮助中国实现这一目标，中国正在沿着正确的方向前进。

问：30年来，伴随中国经济成长的除了GDP，还有来自西方媒体各种各样的猜疑和挑衅。很多外国人根本不了解中国，甚至以为中国人还穿着长袍。您如何看待这种现象？对于一些外媒的不实报道，中国应如何应对？

答：对于西方媒体的不实言论，中国无须跟他们辩解，因为行动大于言辞。如果你跟他们辩论，他们又会再辩论，这样就没有尽头了。中国只需要专心做自己的事，时间会证明一切。全球范围内确实有些人对中国并不了解，以为中国还停留在过去。中国过去100年甚至几百年比较落后，而对于外国人来说，每个人都希望了解更发达、更文明的社会，不愿了解落后的社会。就像100多年前，没有人愿意去美国、了解美国文化一样。美国强大后，全世界都对美国文化感兴趣。中国人现在应该做的，就是正在做的事：

把社会建设好、把经济发展好、让人民富起来。中国如果持续发展，肯定会对周边和其他国家的经济产生一定附带影响。其他国家就会更愿意了解中国文化，世界总有一天会看到真实的中国什么样。接着，全世界的人都会愿意到中国来，让他们的孩子学中文，这是不可阻挡的趋势。

问：中国应如何加强对外传播，提升国家形象？

答：中国可以更主动地通过有效的新手段，向国外传播自己的文化。每个国家都有自己的宣传策略和手段。中国目前还不是特别会包装自己的文化，因为中国过去几百年都处在发展停滞阶段，现在刚刚崛起。只要中国按照现在的速度发展，中国文化一定会得到很好地输出。50 年前没有人注意日本，但现在，日本的产品和文化符号比如 Hello Kitty 已经被全世界熟知，这是随着时间和经济的发展必然会实现的。20 多年前，很多国际会议没有中国人参加，但现在，几乎任何国际会议都有中国的参与者。这与美国、日本的发展轨迹是一样的，只是时间问题。现在中国政府也意识到，要更多地运用民间的文化传播来改变和提升国家形象，而不是用政府的宣传模式。比如，《江南 Style》这首歌，比韩国政府的宣传更能生动地体现韩国文化和国家形象。现在，中国越来越多的音乐、演员、艺术家、产品、公司走向全世界，这些都是中国的名片。中国正在用软实力改变世界对它的印象，这是很聪明的。总的来说，中国越向世界开放，世界越能更多地看到中国，中国的形象就越能得到改善。那些经常在一起跳舞、一起喝酒的人，相互之间都不会有太糟糕的印象。

问：中国经济发展了，但社会道德水平有所下降。一些人把获得财富的多少看成人生成功的唯一标志，甚至有人为了追求财富不惜牺牲道德等更宝贵的东西。这一问题如何解决？

答：任何国家都会经过这个阶段，比如150年前的美国，当时的媒体、文学作品中都在讨论这个问题。但是，逐渐地，大家会开始关注财富以外的东西，比如灵魂、道德，好的价值观最后都能回归。

问：您此前预测的中国经济发展前景，有哪些没有实现？

答：到现在为止，中国都是按照我之前预测的轨迹发展的，除了中国的货币开放速度比我想象得慢。我曾经认为，即使到现在这个时点，人民币应该已经完全可自由兑换了。中国的市场经济和资本市场还没有对外开放到应有的程度。如果很多中国公司都到外国上市，对中国来讲是很大的损失。中国越快开放资本市场对经济发展越有益处。

第五节　财富观

问：您已经这么富有了，为什么还在不断投资、赚钱？

答：我必须投资，我每天付房租都得靠这些投资。我是拥有积累的财富，可我不能只是把钱放到箱子里不去管它，哪怕只是把它存在银行里，也必须操作一下，让它运转起来。如果你不操作，那么最终，你的钱就没有了。

问：美国早期慈善家卡耐基曾说过，在巨富中死去是一种耻辱。您会把财富用到什么地方？

答：我大部分财富会捐献给慈善机构，尤其是教育机构。因为教育很重要，能改变人生。有一部分钱我会留给女儿。但38岁之前她们无法拿到这些钱。很多人太早把钱留给子女，结果却毁了孩子。我不知道我这样做是对还是错，因为我之前从来没有做过父亲。我希望等我走了之后，我的女儿们有足够的知识和社会经验，不会乱花这些钱。她们现在还不知道38岁会得到一笔钱。也就是说，如果你是我的女儿的话，你现在还拿不到这些钱，你还得继续工作。但是你肯定会告诉我，这是一件好事，因为通过这些，你了解了什么是人生。

问：您曾在多个场合表示，您人生最失败的投资是第一任妻子，投资和婚姻有什么相似之处？

答：我是一个工作非常勤奋的人，并且认为有了钱就应该去投资，但我的第一任妻子认为有钱就该及时行乐。我们出现了很大的分歧。那时我们都太年轻，这种分歧导致了我们最终分开。我觉得，婚姻就如同股票，如果拥有一段不和谐的婚姻，犹如拥有差股票，应该早点把它出手。所以，我建议大家不要过早去投资，最好确信一切都准备成熟了再去投资。婚姻也如此。我告诉孩子，结婚前尽可能多地去了解这个世界，尽量在28岁之后结婚。如果你拥有一段美好的婚姻，生活也会更加平稳。

问：如何把女儿教育成靠谱的富二代？

答：我也想知道这个答案。其实中国也好，美国也好，各国都存在同样的现象，就是"富不过三代"。这是人类有史以来一直需要面对的问题。我也不知道我是否有个解决方案，但我会亲自教女儿理财。我给了她们每人6个存钱罐，每一个放不同货币，比如人民币、新加坡币、美元、日元等。我告诉她们储蓄的重要性，让她们知道赚钱并不容易，必须自力更生。当钱足够多时，我会让她们把钱存到银行，让她们知道，先要有足够的储蓄，然后再去做投资，千万不要借钱去投资。我会鼓励她们用自己的方式赚钱，而不用我一分钱。因为，不管她们继承了什么，未来5年或50年都会失去的。我必须给她们留下远比物质财富更丰厚的东西。我希望让她们拥有追寻梦想的勇气，即便她们失败了，也会明白唯一真正的失败是没有去尝试，唯一不合适的问题是不去提问。

问："富不过三代"这个规律不仅适用于家庭，也适用于国家，为什么家庭和国家都逃不掉这样的命运？

答：我觉得这要归结到人性上。不管是个人还是国家，第一代如果非常用心，勤奋努力去工作的话，财富积累到下一代时，第二代就不会像第一代那么用心了，因为他们已经得到很多。在这个基础上，到了第三代，基本都是在往外花钱而不是努力赚钱了。不管国家政权还是个人，万事万物都遵循这样一个曲线：先上去，然后停滞，再下来。就像世界上很少有百年老店一样。如果有逃避这样命运的企业，一定是因为有新的思想、新的人、新的血液注入，比如说，这个家族企业可能跟新的公司联姻，或者他们的继承人跟不是同一个思想体系的人结婚等，一定是有新的思想来冲击这个体系，它才会长生不老，逃脱它本身的命运。

问：您认为自己是"中国通"吗？

答：没有人能称自己是所谓的"中国通"。不管是哪个国家，即便人口只有500万的新加坡，你也要不断地去认识它。何况中国是一个拥有13亿人口的国家，而且地域差异很大。我会自嘲说，可能我对中国的了解比其他外国人多一点。但我还想知道更多和中国有关的东西，比如，从最贫困地区的人到最富有的人，他们的生活状态是怎样的。每一次去中国我都会努力地了解一些事情。

问：一些在商业上成功的人士会想走仕途，您是否考虑过从政？

答：在美国，的确有很多经商的人后来从政。我没有这样做。一方面是因为我不喜欢政治，对这事没有很大兴趣。另一方面，在美国从政也需要很多资金做后盾才行。到头来，你可能并没有得到自己想要的东西，花销还不少，而且非常劳心费力。

问：您有没有兴趣像巴菲特那样拍卖午餐？

答：其实我在中国做过一次，有一个人出了很多钱想和我一起吃午餐。但我不想继续做了，如果你想跟我吃午饭，可以，但我并不会要你付钱。我现在还不想非常积极主动地拍卖和我吃饭的机会。

问：巴菲特、索罗斯和您并称为世界三大投资大师。您和另外两位有交往吗？巴菲特很少出去做演讲，索罗斯更喜欢谈论民主政治，而您更开放一些，更喜欢冒险，您怎么看待大师生活方式的不同？

答：首先，不管大家怎么说，我觉得自己好像没有排到前三。之前，因为在一个领域工作，我和他们有过一些交流。现在大家天各一方，我已经几十年没有跟另外两人联系了，这也是自然发生的事。有时候一些朋友可能理念不相同，或者发展方向不一致，慢慢就很少碰面了。突然有一天，你发现，你们已经好多年没有见面，也没有联系过。很多人都会经历这样的事，没什么特别的原因。而且我人生中好像没有跟任何人有非常密切的往来，我从小到大都是一个独行侠。每个人的人生追求不一样，就会有不同的选择。我花钱的地方很少，我觉得自由是无价的，我也喜欢挑战，喜欢冒险，所以我会去进行几次环球旅行。可能没有人愿意做这件事，但这是我内心想要的，我听从内心的召唤。我喜欢现在自由的生活，他们过的生活也是他们喜欢的，每个人想要的东西不一样。

问：巴菲特以前对中国不很关注，但在近两年的股东大会上，他高调宣布"看好中国"。您怎么看待这一变化？

答：我不知道他为什么这么久才得出这样一个正确的结论。他认为中国会强大起来，这说明他很正确。事实上很多中国人都没有完全正确地去理解中国，每个人对中国的观点都不同。

问：很多成功人士不太愿意接受媒体的采访，也不愿意和大众有更多接触，但您在演讲时经常主动和观众交换名片，如果有媒体希望采访您，您通常也不会拒绝。为什么？

答：我过去工作的时候，很多人帮助过我，他们本来没有必要帮我。所以，我现在既然有机会去帮助别人，也许可能会花费一些时间，但我还是乐意去做。我不会主动邀请媒体来采访我，但如果媒体或者其他人需要帮助的话，我一般都会回应。

问：您接触的人非常多，如果遇到一些比较难缠或者不太友好的人，您会怎么处理？

答：我对大家比较友好，通常大家对我也很好，但如果有人特别咄咄逼人，或者让我感觉不舒服，那我可能就不再回应他了。以前也出现过这样的情况。但这更能让我体会到，别人对你不友好的时候，你是什么感觉，反而加强了我应该对别人友好的看法。

问：您在世界各地做演讲，是因为您喜欢做演讲，还是有其他考虑，比如希望传播一些理念？

答：做演讲也是别人来请我的，我没有主动去找他们，也没有任何希望主动传播的东西。可能是我本身喜欢交谈，喜欢分享我的观点。如果他们能付出相应的报酬，我会考虑去的。好像我天生就特别善于演讲，尤其是我对中国特别喜欢，有很多东西可以分享给大家。

问：您经常出席很多活动，在您这个年纪算是很忙碌的，您喜欢这样的生活吗？

答：忙总比不忙好。如果我想不忙的话，可以随时做到。但是我喜欢这样忙忙碌碌的生活。

问：财富给您带来的最大改变是什么？人是不是一定有钱才快乐，没有钱的人生您会接受吗？

答：这个现实的社会是这样，除非你是牧师或者类似角色，可能不需要钱。绝大多数人是需要钱的。但我觉得钱也不是特别重要的。比如，我需要钱的地方很少，你看，我没有什么名表、私人飞机、游艇这些奢侈品。我觉得人生并不需要很多这些表面的东西。但是，对任何人来说，真正的奢侈品是自由，就是过自己想要的生活。从某种程度上讲，的确是需要先有钱，才能有自由。所以我觉得，有钱的一个最大的好处，就是能给我带来自由，让我自由地做我认为重要和喜欢的事。

第八章
投资哲学

如果只用一句话概括投资的本质，我认为就是：找到那些非常便宜，而且正在发生积极变化的东西。

——吉姆·罗杰斯

在新加坡采访的第 7 天，我问罗杰斯，能不能用一句话概括，投资的本质是什么？

"这可以写一两本书了。如果只用一句话，我认为最根本的就是，"他说，"找到那些非常便宜，而且正在发生积极变化的东西。"

罗杰斯的投资理念和投资哲学完全是自己从实践中摸索出来的。"我学习了很多别人的成功和失败案例，开始思索让自己成功的方法。"

在他看来，即使在投资圈里，也有不少人没有什么投资理念，他们只是靠运气，赚得一时算一时。但是，真正的投资者绝对不能把投资当成赌博。"如果你认为这是赌博，那么，你成功的机会可能比赌场还低！"

第一节　投资三原则——摸象理论

事实上，罗杰斯在华尔街所有的经典投资案例以及后来投资中国的过程中，都始终贯穿着他的投资法则，即均同时满足三个条件：低价买入；投资对象发生向好的改变；长期持有。这一法则可概括为"摸象理论"。

一、低价买入

儿时高价位买小牛导致赔本的经历，给罗杰斯上了一堂生动而深刻的投资课。在华尔街，他学到的第一条投资法则就是——逢低吸纳。

在华尔街工作时，罗杰斯曾接到母亲的电话，让他帮忙买某只股票。他问母亲："为什么要买？"母亲说："因为它去年涨了3倍，而且周围的人都在买。"他告诉母亲："因为已经涨了3倍，所以不能买。要在它涨3倍之前买！"对于大多数"买涨不买跌"的投资者来说，"低价买入"这个最基本、最简单的投资原则，恰恰是最容易被忽略的。

罗杰斯说："我最基本的投资原则是，专门去买那些很便宜、没有很多人关注的股票。"事实上，正是因为缺少关注，它才便宜。因为便宜，所以它未来的上升空间往往很大。这就是为什么罗杰斯投资的股票，动辄翻十几倍、几十倍，甚至上百倍的原因。低价买入的另一个好处是，即使投资失败，也不会有很大损失。

那么，到底什么样的股票，价值会被低估？从罗杰斯的经典投资案例分析，主要有三种情况。

第一，处于困境中的企业。如本书第二章提到的案例，罗杰斯购入贝弗利实业、洛克希德公司的股票时，两家公司分别处在养老行业、军工产业整体受到严重打击，企业一蹶不振、濒临破产的困境中。人们通常认为它永远不能东山再起，这类企业的股价往往骤降到令人难以置信的白菜价。

第二，刚刚萌发的新市场。比如，1985年的奥地利股市和1999年的中国股市。新市场没有多少人了解，而且刚起步，如婴儿般一无所有，价格通常非常便宜。

第三，处于周期性下降的市场。石油、铜等大宗商品的涨跌周期随全球供需关系的变化而变化，有较明显的规律性。一旦处于供大于求的下降周期，其价格会整体大幅缩水。

二、发生像催化剂一样向好的改变

"仅仅价格便宜并不是投资的理由。假如某样东西一直很便宜，它的股票不过是一张没有价值的纸。比如，津巴布韦股价在千禧年非常便宜，因为那段时间这个国家的情况江河日下,再便宜也不能买,后来该国股市果然崩盘了。"罗杰斯说。

他认为,要让一只便宜的股票上涨,一定得有催化剂。从投资的角度看,"改变"就是催化剂,这种改变不是表面的,通常是对企业、行业、国家带来非常大的实质性、深层次、长时期影响的变化。比如,罗杰斯对贝弗利公司的投资正是看准养老产业未来的巨大潜力,加上该公司领导人卓有成效的改革;重仓洛克希德则是确认军工企业必将复苏,政府必然对有实力的企业给予扶持;大举投资中国是因为坚信中国在21世纪将成为超级强国。正是改革开放政策这个催化剂,给中国市场带来了化学反应。

三、长期持有

既然改变带来的是未来长期的发展,就一定要等到它发展壮大以后再获利。因此,罗杰斯的投资绝大多数是长线投资。也就是说,在事物发展的种子期或幼苗期买入,待它成长为参天大树后卖出。看着它一路发芽、开花、结果,让它充分地自然成长。当然,股票由低发展到高位时,要果断抛售。因为物极必反,它可能很快转向下降的曲线。

多年经验告诉罗杰斯,大部分时候,短期内股票价格都会受到人们心理因素的驱动,价格涨跌并不符合其真实面目,而长期投资通常能反映事物发展的真正规律。"你唯一需要做的就是等待,时间会让事物自然发酵到令你惊讶的程度。"

罗杰斯相当有耐心,股票在他手中停留的时间,通常是几年、十几年,甚至几十年。例如,他持有贝弗利实业股票7年,在该公司收入翻12倍后卖出;持洛克希德股票达8年,在股票收益飙升60倍后抛掉;而他20多年前投资的中国股票,至今仍未出手。因为他判断,在其有生之年,这些股票都可能达不到最高点,中国的兴盛也许会持续100年,因此最好的办法是把股票留给下一代。

四、摸象理论

根据对罗杰斯投资原则的理解,笔者将罗杰斯的投资理念概括为"摸象理论"。他对此表示赞同。

中国人都知道"盲人摸象"的典故。它的原文出自佛经《大般涅槃经》。大意是说,国王叫人找几名盲人,并牵来一头大象。他问盲人:"大象长什么样?"摸到大象牙齿的盲人说:"我知道了,大象就像又大、又粗、又光滑的大萝卜。"摸到大象耳朵的盲人说:"不对,大象是一把大蒲扇!"摸到大象腿的盲人说:"大象只是根大柱子。"摸着大象肚子的盲人说:"明明是一堵墙嘛!""唉,大象哪有那么大,它只不过是一根草绳。"摸到大象尾巴的盲人说。

只看到事物的局部,就会产生片面的认识,无法了解事物的全貌和本质。要避免这种问题,唯一的办法就是多观察,多了解。对于投资来说,同样如此。投资对象往往隐藏在纷繁复杂的世界中,不容易看清。如果它的真实样貌是一头大象,刚开始你也许只能看到它的尾巴或耳朵。随着你不断去调查、探究,掌握的信息越多,越容易看清它的全貌,从而做出正确的判断。

国家主席习近平2013年在接受金砖国家媒体联合采访时就引用了"盲人摸象"的理论。他谈道:"我会见一些国家的领导人时,他们感慨说,中国这么大的国家怎么治理呢?的确,中国有13亿人口,治理不易,光是把情况了解清楚就不易。我常说,了解中国是要花一番功夫的,只看一两个地方是不够的。中国有960万平方公里,56个民族,13亿人口,了解中国要切忌'盲人摸象'。"

如果将罗杰斯的投资理念与摸象对比,就会发现很多相似之处。

第一,像摸象那样全面了解投资对象。罗杰斯对投资对象的调研总是尽可能深入、全面。比如,在做出投资中国的决定前,他用双脚、双眼对中国展开了一场前所未有的"摸象试验"。11年间,他多次在北京、上海、西安、兰州、喀什等不同地域、不同发展阶段的城市和乡间穿行。零距离观察人们如何生活、政府出台什么政策、企业发展得怎么样。在纵向比较中国的变化、横向对比各国发展潜力之后,他才最终得出"21世纪属于中国"的结论,并开始大举投资中国。可以说,对于投资对象的调研,罗杰斯将"盲人摸象"的理论用到了极致。

第二,罗杰斯的"投资三原则"可以形象地比喻成大象的样子。如果我们从后往前摸大象,将会依次摸到什么?首先,细小的尾巴,庞大的身子。这相当于:买入那些看起来不起眼,但未来将发生积极变化、变大变强的东西。其次,短短的腿,寓意低价买入。再次,长长的鼻子,意为长期持有。用这样的比喻,罗杰斯的"投资三原则"可能更容易被理解、记忆。

第二节 价值投资

从学术研究角度,证券投资(包括股票、基金、债权等)通常被划分为四大主要流派:基本分析流派、技术分析流派、心理分析流派和学术分析流派。①

那么，罗杰斯属于哪一流派呢？

让我们先来看看这四大流派的主要特征。沈冰、吴刚主编的《证券投资学》一书，对此进行了详细描述。

基本分析流派主要以宏观经济形势、行业特征及上市公司的基本财务数据作为投资分析对象与投资决策基础。该流派的两个假设为：证券的价值决定其价格；证券的价格围绕价值波动。因此，价值成为测量价格合理与否的尺度。当投资者认为股票的内在价值高于价格时买入，否则卖出。

技术分析流派主要以证券的市场价格、成交量及其变化，以及完成这些变化所经历的时间等市场行为作为投资分析对象与投资决策基础。该流派认为，市场永远是对的。任何能对市场产生影响的信息，其影响都立即反映到市场价格中。其分析方法包括K线理论、切线理论、形态理论、波浪理论、量价关系理论等。

心理分析流派主要基于市场心理分析证券价格，强调市场心理是影响价格的最主要因素。而其他流派并没有将心理因素作为独立的分析对象。该流派的投资分析方法主要有两个方向：个体心理分析和群体心理分析。前者基于

---

① 沈冰、吴刚主编，《证券投资学》，人民出版社2014年版，第109页。

人的生存欲望、人的权力欲望、人的存在价值三大理论，旨在解决个体投资决策中的心理障碍问题。后者基于群体心理理论与逆向思维理论，旨在解决投资者如何在研究投资市场过程中保证正确的观察视角问题。该流派在判断市场趋势是否发生重大转折时，有其独到之处。例如，当市场表现出越来越强烈的投机狂热心理特征时，牛市常常已经进入尾声。当市场一片低迷，恐惧心理越来越强烈时，熊市可能正悄然离去。这是逆向思维理论在证券投资中的应用。

学术分析流派的分析哲学基础是"效率市场理论"，就是说，当给定当前的市场信息集合时，投资者不可能发展出任何投资战略，从而获取超出投资对象风险水平所对应的投资收益率的超额收益。换句话说，市场是有效的，不存在被高估与低估的股票；风险与收益具有对称性。

一般认为，巴菲特是第一种流派的代表，索罗斯属于第二种流派。从罗杰斯的实践和言论分析，在判断股市进入熊市还是牛市时，他更侧重从群体心理的角度分析。而在判断该买哪只股票以及何时出手时，他更倾向于基本分析流派。笔者问罗杰斯最主要的投资依据是什么？他说："投资是一种很复杂的东西，很难只依靠一两种理论和观点去投资，需要多方面的综合考量。"

不过，总的来说，与大多数华尔街成功的投资家如本杰明·格雷厄姆、沃伦·巴菲特、彼得·林奇等一样，罗杰斯也是价值投资的拥趸。巴菲特的老师格雷厄姆与另一作者多德在1934年出版的著作《证券分析》中，首次提出了价值投资的理念。这本书也被称为"投资者的圣经"。哈佛商学院贝克学者奖得主赛思·卡拉曼在《证券分析》第六版的前言中写道：价值投资就是以低于证券或资产价值的价格买入，也就是，用50美分买到价值1美元的东西。"很多人误以为价值投资是发现廉价证券的机械式工具，但实质上，价值投资是一种全面客观的投资哲学，强调深入分析基本面的必要性，追求长期投资价值，控制风险，抵御从众心理。"①

在另一部著作《聪明的投资者》中，格雷厄姆把稳健可靠的投资理念归结成短短一句话——安全边际。它的功能是让你安心。格雷厄姆认为，本质上，安全边际的作用是使投资者不必对未来做出准确的预测。如果安全边际较大，就足以保证未来的利润不会大大低于过去的情况，从而使投资者不会因为时间的变化而遭遇风险。也就是说，

---

① 本杰明·格雷厄姆、戴维·多德著，巴曙松、陈剑等译，《证券分析》，中国人民大学出版社2016年版，第2页。

通过购买价格便宜，而不是价格过高的证券，就能减低财富消失或突然毁灭的机会。

巴菲特早期完全遵守并践行格雷厄姆的理论，但后来他发现，在美国市场，非常低估的便宜股票变得越来越少，其投资策略发生了一些改变。巴菲特后来总结自己的选股之道是寻找超级明星股："我们选择的是一个具有持续竞争优势并且由一群既能干又能全心全意为股东服务的人来管理的企业。当发现了具备这些特征的企业，而且我们又能以合理的价格购买时，我们几乎不可能出错。"[1] 巴菲特近年投资苹果公司也许就是出于这种考虑。

如果说，在发现美国股市很难找到安全边际足够大的股票，迫使巴菲特改变自己的投资策略，那么，罗杰斯则更彻底地坚持了"安全边际"的投资原则。他的做法是，把视野从美国市场扩展到全球。在笔者看来，罗杰斯和巴菲特最大的不同，就是前者把眼界、心胸和足迹无限放大。

不过，当笔者询问罗杰斯是否受到格雷厄姆"安全边际"原则的启发时，他给出的回答是："我的投资理念是基于我自己的经验。"

---

[1] 本杰明·格雷厄姆著，贾森·兹威格、沃伦·巴菲特注疏，《聪明的投资者》，人民邮电出版社 2016 年版，第 xiii 页。

罗杰斯的投资原则很容易理解，掌握了这些原则，就像他此前说的一句经典语录："我只是耐心等待，直到发现有些东西如此便宜，就像看到钱躺在街角，我要做的，就是走过去，把它捡起来。"

第三节　思维方式与做事准则

不过，投资真的这么简单吗？美国哲学家爱茵·兰德说，"财富是一个人的思考能力的产物"。价值投资者之间的竞争，就是价值判断力的竞争。那么，如何形成对事物的正确判断？在纷繁复杂的投资对象中，罗杰斯如何甄选出那个未来最有价值的投资品？他之所以成为投资大师，仅仅因为做对了投资吗？

事实上，罗杰斯做对的是人生选择，并用勤奋与智慧实现了自己的梦想。他已经把自己的"葵花宝典"毫无保留地传授给她的女儿和读者。在《投资大师罗杰斯给宝贝女儿的12封信》这本书中，罗杰斯亮出了他打开成功之门的金钥匙。如果说，本书此前讲的是罗杰斯"如何做"，那么，在最后一部分，笔者希望借助这本"葵花宝典"，试图分析罗杰斯"为何能做到"。也许，来自一个人精神世界最底层的思维方式和做事准则，才是他成功与否的关键。

一、专注于你所热爱的事

"很多人问我怎样才会获得成功？我的答案非常简单：做你热爱的事，并全心投入，全力以赴。"罗杰斯向笔者强调，不管是投资还是创业，要想取得成功，首先要跟随自己的热情、激情。做你热爱的事业，而不是你父母热爱的事业。

"如果你不知道自己对什么感兴趣，那么退后一步，看看你的日常生活。当你在地铁上，你随手带的是什么杂志？如果打开电视，你都喜欢看些什么节目？不久你就会明白，自己到底对什么事情感兴趣。"

罗杰斯解释道：每个人都会对某些事情非常感兴趣或了如指掌。比如，汽车、时尚、园艺、写作……如果你做的是自己喜欢的事，你不是在"上班"，而是每天迫不及待地睁开眼睛，赶快去享受工作的乐趣。你会心甘情愿地投入非常多的精力和时间去做这件事，不计成本地想把它做好。你因兴趣和激情不断求索，这样，你自然会比一般人做得好。如果说，旁边有越来越多的人说你像个疯子，说你做事太有热情。那么，恭喜你，这是一个很好的先兆，表明你很快会成功了。

我问罗杰斯:"您之所以在投资上取得成功,是不是因为赚钱是您喜欢的事?"他说:"我想,可能反过来说更好:我因为做了自己喜欢的事,所以钱自然而然就来了。我一直喜欢阅读报纸上的文章和书籍,了解世界上发生了什么事。我不知道是否有这样一份工作能让我了解世界。机缘巧合,我在华尔街做暑期工时发现,这正是我喜欢的事。在保证温饱的情况下,我甚至不要薪水也愿意做这份工作。所以,只要选对了工作,把工作干好,钱会来找你!10年后,你的财富将是现在的10倍!"

在华尔街工作时,罗杰斯有时一周7天几乎从不休息,有一次,他甚至一周内跑了十几座城市,拜访了十多家公司。"我对工作有一种执着,所以会很努力,最后也挣了不少钱。要是我当初从事别的行当,如时装设计或者园艺,我的生活会很不如意。因为我对这些一点兴趣也没有,不可能有所成就。"

罗杰斯建议,假如你喜欢烧菜,就去开一间餐馆;假如你擅长跳舞,就去学跳舞。如果你喜欢的是投资,就投资你熟悉的领域。"人们总是问我应该投资什么,我通常给出同样的答案:别相信我的,也别听其他任何人的,要成为一名成功的投资者,你必须投资自己充分认知的领域。"

如果你始终跟踪某个领域的动态，就会比那些华尔街的经纪人获得更多专业信息。当这个产业要发生一个主要、积极的变化时，就开始跟进投资，这样就能帮助你成功。

在纳米比亚的旅行途中，罗杰斯买了一颗钻石送给妻子，店家说这颗钻石值 7 万美元，他砍价到 500 美元。结果，才看了这颗钻石一眼，妻子就称他被坑了。后来，他把这颗钻石拿给一位钻石商人看，那人大笑，说它不是钻石，而是玻璃珠。在给女儿的信中，罗杰斯自我剖析道："我不能分辨真的和假的钻石，所以我会上当。我一直告诉人家只能投资在你懂的东西上，自己却在钻石上栽了个大跟头。现在回头看，我很高兴这颗昂贵的玻璃珠不是真的钻石，它提醒我远离自己未能完全了解的事情，这个教训真是太便宜了。"

二、深入调查，不能只是"我认为"，而是"我确定"

"当你发现事物发生了一个积极变化后，只是'认为'它有价值并不能构成投资的理由。除非你通过充分的调查研究，直到完全确定你的想法是正确的，否则，不要贸然投资。"

罗杰斯说，人们往往对眼前的景象深信不疑，不屑于也不肯花时间去研究看似微小变化的背后到底预示着什么新趋势。"21世纪资讯爆炸，当讯息如潮水般涌进我们的生活时，我很惊讶，能费心确认手头上那些讯息真伪的人竟然这么少！那些在投资上失败的人，正是连公司财务报告都没读完的人，因为他们没有看到投资成功和充分信息之间的相关性。"①

那么，如何才算把功课做到家？罗杰斯认为，投资和生活一样，细节往往是成功与否的关键。大部分人之所以不成功，往往因为研究不够彻底，只看随手可以拿到的信息。但实际上，唯有系统化研究，你才会得到成功所需的知识。

他举例说，如果你要投资一家公司，首先，要仔细研读每一份你能拿到的财务报表，包括附加的细节注解；求证每一份报表的正确性，以及最高管理层预估这家公司的未来走向、未来产值。自己"动脚"找出他们的顾客、生产商、竞争者，以及任何可能影响公司营运的人，以求证报表的真实性。除非你有把握自己比98%的华尔街投资分析家更了解这家公司，否则不要把钱投进去。没有额外的

---

① 吉姆·罗杰斯著，洪兰译，《投资大师罗杰斯给宝贝女儿的12封信》，中国青年出版社2009年版，第48页。

付出，成功是不会落在你身上的。

在《热门商品投资》一书中，罗杰斯详细介绍了应该如何投资商品：如果你想投资一种商品，比如铜，希望判断铜价未来可能的走向，那么，你要做的，首先是认真研究《CRB商品年鉴》中每年的"商品价格趋势"、浏览商品研究局的资料，以及来自政府、行业和媒体的其他资料。在这些资料中寻找什么？很简单：供应和需求前景。"铜不会关心美联储想什么，如果市面上有太多铜，价格就会走低；如果太少，价格就上升。所以，首先要了解需求信息，预测未来10年将需要多少铜。"如何预测？你需要调查铜行业的来龙去脉。这类商品大多用来做什么？当前用途中，哪项会继续使用，哪些不会（例如，原来的电话线中使用铜，但无线技术革命淘汰了对电话线的需求）？如果铜价涨得太高，哪种商品能有效替代铜（例如，塑料管在一些领域可以替代铜管）？有什么新的技术进步需要这种商品，而以前不存在这种需要（例如，计算机创造了新需求，其系统部件中有的需要使用铜）？

"需要特别注意的是，有时候，你得到的表面信息有迷惑性，如果你不深入行业去了解真实的情况，它很可能误导你。"罗杰斯以铅为例说，表面看，铅可能是过时的资产，而且在商业和社会中，很不受欢迎：老建筑物里的含铅油漆仍在毒害儿童,空气中含铅汽油的有毒残余物仍在释放污染。现在,汽油和油漆里不再含铅,这导致某个25年前启用的铅矿仍没有开采完。表面上看,铅的需求陡然下降,但是,对铅行业的深入调研会让你确信,市场对铅仍有大量需求。因为大多数铅用到了"铅蓄电池"上,很多轿车或卡车里就有这种电池。2000年年初,据美国政府矿物调查显示,在美国所有类型的铅消耗中,88%明显用于"铅蓄电池"。① 伴随世界上两个人口最多的国家不断加速地经济增长,数亿中国人和印度人会将自行车换成需要这类电池的摩托车、轿车和卡车,现存的铅矿一定会用完,伴随供应下降的,是需求的上升。

"如果通过客观研究,证明未来相当长一段时间内,铜或铅的需求将大于供应,你就可以买入铜或铅,或者生产它们的公司的股票,还可以投资产铜国或产铅国以及这些国家的房地产等。总之,你需要勤奋地下苦功,努力的代价足以使你比别人更占优势。"罗杰斯说。

从上述研究方法可以看出,罗杰斯是一个极其严谨、勤奋、专注、敬业的人。也许正因如此,他似乎对于不那

---

① 吉姆·罗杰斯著,蒲定东译,《热门商品投资》,中信出版社2010年版,第161页。

么认真、敬业的人不太喜欢。一次，他在家里骑车锻炼期间，接受一名印度记者的电话采访。他边蹬车边回答，说着说着，罗杰斯突然对听筒那边发起脾气："你有没有在听我说话？这个问题我已经说过了，你没有在听，你走神了，是吗？"这个场景和他此前面对石家庄那个搞不定PPT的技术人员如出一辙。不知道为什么，罗杰斯几乎从来不会走神儿，精力充沛到令人难以置信的地步。这可能也是他比大多数人成功的禀赋吧。

三、独立思考，不要让别人影响你

罗杰斯对一篇关于美国游泳健将唐娜·迪薇罗娜的报道印象深刻。早期她是个不错但并非顶尖的游泳选手，后来她在奥运会中拿到两枚金牌。究竟发生了什么事？唐娜说："以前我老是注意别的游泳选手，但是之后我就学会无视他们，游我自己的泳。"罗杰斯有感而发："仔细观察每个领域的成功者，不论是音乐家、艺术家或是什么专家，他们之所以成功，都不是因为模仿别人。"

"我过去在几个重要投资决策上，曾经听从别人的劝告而忽略自己内心的决定。奇怪得很，每次这样的投资都失败，而且损失惨重。于是我不再受别人影响，而是根据自己的决定采取行动,后来我终于了解,这才是最佳的投资之道。"罗杰斯说,假如周遭的人都劝你不要做某件事,甚至嘲笑你根本不该去想,你就可以把这件事当作可能成功的指标。

1999—2001年,罗杰斯和妻子环球旅行期间,互联网泡沫破灭,罗杰斯的商品指数大涨。"几乎每一次我不随大流,都能赚很多钱。"

"当大多数人认为投资中国太冒险时,我听从自己的判断,大胆投资中国。"与众人反方向而行是需要勇气的,但通常正确。罗杰斯表示,有100个人做同样的事,但只有其中四五个会成功。剩下的人都很平庸。"因为,有一半的人智商在中位数之下。"

罗杰斯所说的独立思考还包括,要自己去判断和解读媒体传播的信息。每个媒体都存在偏见,政府或特殊利益团体也会在报道中植入营销陷阱。"假如我对电视上或报纸上的东西有疑问,我会去那个地方亲自调查。找出对同一事件的不同看法,往往能帮助你厘清事情的真相。"

事实上,罗杰斯不仅坚持自己的独立判断,还经常公开反对一些"权威"的观点。比如,前美联储主席格林斯潘、"金砖四国"名词的发明人奥尼尔等。在他看来,这些人并不真正了解世界,"奥尼尔提出那个名词时,甚至没去过其中的三个国家"。罗杰斯更愿意用双脚丈量地球,他只相信自己看到的事实。

四、以史为鉴

华尔街另一位投资奇才彼得·林奇认为,学哲学和历史的人比学统计学的人,更适合做投资。因为投资就是要找到驱动市场的力量,以及分析未来趋势。回顾历史正是一个好方法。学历史出身的罗杰斯就是最好的例证。

"研读历史,你会发现,历史总是惊人的相似。"罗杰斯举例说,比如19世纪60年代,美国因内战减少了对英国棉花的供应,导致英国棉价飙升。不久,英国人在凡是能利用的土地上都种上棉花。这对理解百余年后全球棉花价格再次上涨的原因非常有用。罗杰斯表示,历史通常会自我重复,因为人性从未改变。"我们在媒体上不时看到某些科学技术或商业模式,被形容为创新的、突破的或空前的,它们将改变世界。看起来好像是有些不一样的事情发生了。但回头看看历史,你一定会找到先例。它其实只是历史上一再重复出现的许多科技革新中的一个。"比如,对20世纪90年代的"新经济"——网络革命,当时许多人的反应是,全新的事情发生了。但历史上有过许多这类"革命",如铁路、高速帆船、飞机、电力、收音机、电话、电视和电脑。"每当某个人宣称某样东西是'前所未见的创新'时,就要留意市场是否过热了。当你听到人们宣称'这次不一样'时,你要深表怀疑。历史上从来没有哪件事与别的事完全不同。"投资在任何这些"新世纪"的东西上,有时候会让你亏的很惨。①

研读历史,还将帮助人们观察,发生在一个国家的重大事件如何影响其他国家、全球原材料和相关股票的价格。罗杰斯认为,历史是多面相的,有研究经济和政治领域的历史,也有从美国、欧洲,或者亚洲、非洲角度记录的历史。很难说哪一种历史比较重要。只要历史学家够严谨,每一种看法都可以填补一块历史的拼图,使它更完整。

五、学习心理学,认识自己和大众的弱点

格雷厄姆对"聪明的投资者"的定义是:那些在熊市(其他人都在卖出时)买入,在牛市(其他人都在买入时)卖出的人。要在投资上取得成功,除了哲学和历史,还需要学习

---

① 吉姆·罗杰斯著,洪兰译,《投资大师罗杰斯给宝贝女儿的12封信》,中国青年出版社2009年版,第79页。

心理学。

罗杰斯对"股市心理学"颇有研究,因为他就曾深受其害。他认为,群众的歇斯底里总会掀起泡沫,而狂跌的股价总是源于恐慌。情绪会驱使股票市场走向某一个方向。"当大众对某则新闻过度反应时,他们要不然是高价买入,要不就在不对的时机卖出。"很多时候,投资者的心理会加速市场的走向。大部分时候,短期交易的价格会受到人的心理因素驱动,而中期和长期的投资,客观规律的影响则大过心理因素。

不过,即使那些"专业人士",有时也会受到乌合之众心理的影响。"你可以想象,当你每天打开报纸看到别人在发财,至少在纸面上他们是赚钱的,而你自己看到这其实是一个泡沫,这处境有多为难吗?你不免怀疑:或许这真的是一个新纪元,过去的规则可能不适用。结果昔日的规则当然仍适用,许多人因此学到惨痛的教训。"

有一个故事对于解释罗杰斯的这一观点非常恰当。1720年春天,牛顿爵士(对,就是那个因为一颗苹果而发现物理世界的聪明人)拥有一些英国最炙手可热的南海公司的股票。看到当时股票市场正在失去理智,牛顿清空了所有南海公司的股票,获利7000英镑,回报率达100%。但仅过了一个月,在市场狂热情绪的感染下,牛顿又以高得多的价格买回了这只股票，结果没过多久就赔了2万英镑（换算成现在的货币价值，大约相当于300万美元）。此后终其一生，他都不许任何人再在他面前提及"南海"二字。这位伟大的物理学家声称，"我可以计算出天体的运动，却无法揣摩人类的疯狂"[①]。

罗杰斯反复强调从心理学的角度认知自己的重要性。"你当然需要了解周遭的情况、世界和历史，但更重要的是，在你把钱拿到桌面上之前，请先了解你自己。"他说，所有投资者都有自己的偏好。一些人性急主动，想让一切在其掌控之中；一些人谨小慎微，宁愿做些力所能及的事；另一些人没有独到之处，更喜欢随大溜。而罗杰斯常常比别人早看到事情的发生，所以有时反应得太快、太早，因此他训练自己要等待。他认为自己不擅长判断短期交易的时点，而对于长期发展趋势有较为准确的判断。因此，他选择长线投资。

"了解你的弱点，察觉你的错误，同时观察你对错误的反应，下次你可以反应得更有建设性一些，在危机到来时就不会灭顶。"这是罗杰斯给出的忠告。

---

① 本杰明·格雷厄姆著，贾森·兹威格、沃伦·巴菲特注疏，《聪明的投资者》，人民邮电出版社2016年版，第10页。

六、持续努力，不要自大

"继续往前走，直到你开始觉得自大了。这时，你就需要停下脚步反思。如果虚荣心和自以为是占据你的心，很快，你就会失去所有成功。因为自大会使你看不见真相。"在罗杰斯看来，有些美国人对世界没有兴趣，是因为他们认为自己是世界的中心。"无知源于扭曲的狂妄，千万不要让自己变得自大。应该将广阔的世界纳入眼界。尽可能地旅行并观察这个世界，会让你的视野扩大好几倍。通过比较别的国家，你将学会如何从完全不同的角度看待你的国家和自己。"罗杰斯在那本"葵花宝典"中告诫自己的女儿以及读者，要用功读书，学得越多你才知道自己懂得越少。怀抱着这样的谦虚，你才能逃脱自傲与自满。

21世纪世界变得越来越紧密。实际上，任何国家都是互相联系在一起的，不可能孤立地存在。"如果你想使自己和你的国家变得更好，偏见、歧视及不能接纳他人是一点好处也没有的。"罗杰斯认为，20世纪30年代美国经历的经济大萧条，部分原因就是它采取的保护和锁国政策——提高关税，对其他国家货物出口造成严重打击，这些国家经济的萧条反过来导致美国经济的萧条。

要成为世界公民,第一步是敞开你的心胸,永远不要拒绝第一眼看上去和你不一样的人。战争的爆发,从来不是因为两群相互认识的人突然决定要消灭对方。"有了宽广的眼界和宽阔的胸襟,你的投资和人生舞台都会变得更大,更精彩。"

正是基于这样的胸怀和视野,罗杰斯做到了很多美国人难以做到的事:不以美国为中心,放眼全球。因此,他看到了刚刚萌芽的奥地利股市、行销世界的大宗商品以及正在强势崛起的中国。

以上六点只是笔者总结的罗杰斯投资哲学、人生感悟的一些片段,很难穷尽其全部思想精髓。但从中仍然可以得出一个结论:没有人能随随便便成功。法国雕塑大师罗丹说:"所谓大师,就是这样的人,他们用自己的眼睛去看别人见过的东西,在别人司空见惯的东西上能够发现美。"如将这句话套用于罗杰斯,似可说成:所谓投资大师,就是这样的人,他们用自己的眼睛去看别人见过的东西,在别人司空见惯的事物中发现价值。罗丹还有一句传世更广的名言:"生活中不是缺少美,而是缺少发现美的眼睛。"再次套用于罗杰斯:生活中不是缺少投资机会,而是缺少发现投资机会的思考方式。

采访最后一天,罗杰斯的妻子在家里给两个女儿排练第二天将要进行的中文秀表演：姐姐朗诵一首唐诗，妹妹说一个绕口令，之后两人合唱一曲《在那遥远的地方》。在新加坡，这两个能说一口流利中文的美国小姑娘，经常作为学中文的模范人物，被邀请参加各种活动。罗杰斯盛情邀请我观看这场表演。

第二天下午，我拖着行李箱，和罗杰斯一家来到新加坡一个商场的大厅。当地一家教育机构在那里举行宣传"华文"培训的活动。轮到两位"华文大使"出场了，两个小丫头纯熟的舞台表演和字正腔圆的普通话，收获了台下观众的热烈掌声，并吸引更多人驻足。

主持人问："你们的华文怎么说得这么好？"大女儿乐乐自信地说："其实学华文一点也不难，只要你们多听多练习，一定会越说越好！"

我在人群中寻找罗杰斯，隐藏在观众中的他，正忙着用手机给宝贝女儿拍照。他情不自禁地笑着，享受着人们向女儿投去的羡慕眼神和称赞。"我的女儿长大后就会知道，她们有一个多么聪明的老爸。"对于自己为下一代选择的价值投资，他无比自豪，深感欣慰。

7天集中对谈即将结束。道别前，在那个嘈杂的商场，罗杰斯提高嗓门，再次郑重地向我强调："很多人不看好中国，但我知道，我是对的。"

罗杰斯投资中国股市 30 年，见证了改革开放后中国经济、社会的巨大变革。而这一长期投资远未结束。他准备将所有的中国股票留给女儿。2017 年，她们一个 14 岁，一个 9 岁。他相信，女儿长大后，这些股票将持续为她们带来财富。

罗杰斯对中国的投资周期为什么这么长？

中国著名作家莫言对长篇小说的感悟给了我启发：长不是抻面，不是注水，不是吹气，不是泡沫，不是通心粉，不是灯芯草，不是纸老虎；长是真家伙，是仙鹤之腿，不得不长，是不长不行的长，是必须这样长的长。万里长城，你为什么这样长，是背后壮阔的江山社稷要它这样长。把长篇小说写长，并不是事件和字数的累加，而是一种胸中的大气象、一种艺术的大营造。那些在假山上盖小亭子的建筑师，大概营造不来故宫和金字塔，更主持不了万里长城那样的浩大工程。"长篇胸怀者"，胸中有大沟壑、大山脉、大气象之谓也。

回到刚才那个问题，能否给出这样的答案：是波澜壮阔的中国崛起之路要求它这样长，是罗杰斯心中的大气魄、大格局决定了它这样长。

我想，无论投资、写作，抑或世间万事，其中道理，概莫能外。

后　记

"真佛只说家常话。"和罗杰斯聊天,有种豁然开朗的感觉,他总是能把看似复杂的问题简单化,一听就懂。他看问题并不纠结于当下,而是着眼于几千年来、几百年后。在如此豪迈的时间维度上,一只股票、一个国家、一个时代都逃不掉繁荣、衰退、萧条、复苏的大规律。他只需判断,当下,他所关注的事物处在上升还是下降的生命曲线,未来它将走向更好还是更坏。

与其他几位世界级投资大师最大的不同是,罗杰斯并不仅仅将他的投资哲学应用于资本市场和职业生涯。环球旅行、移民亚洲,让孩子学中文,何尝不是他对人生的另一种投资?可以说,价值投资的哲学理念已经融入血液、深入骨髓,甚至成为他的精神气质和本能反应。从投资境界的角度看,我个人认为,罗杰斯在世界投资大师中的分量甚至被低估。

不过，对于这些虚名，罗杰斯并不在乎。古稀之年的他依然热衷于了解世界、寻找新的投资洼地。他似乎不是为了赚钱，而是享受一场接一场智力游戏带来的快乐。

于我而言，亦如此。两年来，这本书的写作占据了我工作之余所有的周末、小长假、黄金周、休假，但我依然受虐似的享受它带给我的快乐。虽然，作为我人生第一本书，它的思想之稚嫩、结构之杂乱、辞藻之匮乏，常常让我不忍将其公之于众，但它仍把我带入一个更广阔的空间，让我得以不受篇幅、思维的限制，酣畅淋漓地讲述自己心中的好故事。

一切事物皆因缘而生。一粒种子，如果土壤、阳光、水分任何一个因缘不具足，都长不成大树。本书的诞生，缺少任何一位贵人的帮忙，都是不可能的。我发自内心地感谢因本书而聚的所有因缘：

首先，感谢罗杰斯先生的坦诚和友好，如果他高高在上、拒人于千里，我不可能深入挖掘他精彩的故事；感谢我所在的报社，没有这个闪亮的平台，我无法将好奇的触角伸向每个故事的主人公；感谢我的家人，没有他们的理解和支持，我不能任性地满世界东跑西颠；还要感谢罗杰斯先生的两位助理、他的经纪人——美国 GBGC 公司总裁

后 记

李建先生、新加坡 ACTC 翻译中心董事总经理李浩亭和他麾下出色的翻译，没有他们的帮助，我不可能顺利完成本书的采访；感谢人民日报出版社的董社长和赖编辑，没有他们，我无法把一闪而过的念头变成带着墨香的文字；感谢愿意为这本书做推荐的几位大咖，愿意俯身鼓励我这样愚笨的学生，成功的光环、繁忙的工作并没有成为他们拒绝我的理由，从他们身上，我学到太多做事、做人的道理；感谢每一位正在阅读这本书的读者，如果没有您，我就失去了倾诉的对象。无论是赞同还是吐槽、仔细阅读还是随便一翻，您的关注都让我感受到写作的意义。

罗杰斯往往能透过一个细微的变化，洞察事物背后隐藏的巨大变革和投资价值。作为一名记者，我希望学着用这样的视角和洞察力去观察世界，去发现隐藏在一个个平凡表象下，那些非凡的、有价值的故事。如果那个故事能给人光明，给人力量，给人哪怕一点点感动和启发，都将是我人生最幸运之事。